跨学科语文创意作业5

主　　编：何　捷
副 主 编：谢晓丽
执行主编：黄　莺　陈粮宜
插画绘制：林　威

上册

山东城市出版传媒集团·济南出版社

图书在版编目（CIP）数据

跨学科语文创意作业 . 5 / 何捷主编 . -- 济南 : 济南出版社 , 2022.8

ISBN 978-7-5488-5180-6

Ⅰ . ①跨… Ⅱ . ①何… Ⅲ . ①小学语文课 – 教学参考资料 Ⅳ . ① G624.203

中国版本图书馆 CIP 数据核字（2022）第 136272 号

跨学科语文创意作业 5 上册　　何 捷 主编

出 版 人： 田俊林
图书策划： 李圣红　董慧慧
责任编辑： 董慧慧　陶　静
特约校对： 王旭平
封面设计： 八　牛
插画绘制： 林　威
版式设计： 张　倩
内文排版： 卢新宇
出版发行： 济南出版社
地　　址： 济南市二环南路 1 号
邮　　编： 250002
印　　刷： 济南新先锋彩印有限公司
成品尺寸： 185mm × 260mm　16 开
印　　张： 14.5
字　　数： 215 千
版　　次： 2022 年 8 月第 1 版
印　　次： 2022 年 10 月第 1 次印刷
书　　号： ISBN978-7-5488-5180-6
定　　价： 39.00 元（上下册）

序言

“双减”后的周末，“出去疯”还是“家里蹲”

2021 年 7 月，国家出台文件，“双减”政策正式落地。2022 年 4 月，《义务教育语文课程标准》颁布，提出“跨学科学习”任务群。

两件大事的发生，让我们不得不思考——

“双减”后的周末，作业如何设计？学生怎么做？是“出去疯”还是“家里蹲”？

答案非常明确——“出去疯”。

理由也很充分：首先，“出去疯”才有可能强身健体，而体力是人最核心的后盾；其次，“出去疯”，更重要的是感受自然，让大自然成为学生最亲近的老师；最后，出去疯还有一个重要意图，让学生融入社会，体验风物人情。

“跨学科学习”这一任务群，也会在这样的学习方式转变中，得以分期实施，逐步完成。

为此，我和团队的小伙伴为 1-6 年级的同学们，专门设计了这套书。伴随着这套作业，小学 1-6 年级的同学们，将度过童年美妙的“浪漫”时光。

这原本就是小学阶段应有的“浪漫”，也是人成长的“必经阶段”。

英国哲学家怀特海在他的《教育的目的》演讲中，早就为我们划定了 12 岁之前的“浪漫阶段”。如今，“双减”政策落地后，让社会、大自然成为一种全新的学校样态，让同学们从反复的机械式刷题和为考试而学的漩涡中解脱出来，让未来我们需要的接班人健康成长。

未来，国家建设更需要的是健康、健全、健美的人。如果长大后依然四肢无力、头脑发达，我们就难以更好地实现人生目标；如果长大后只能够解题，而不懂应用，我们也就难以承担重任；如果长大后非常冷漠、自私，不能体察人间冷暖，

我们就更难以与人合作，共创未来。

在基础教育阶段，“出去疯”吧，释放应有的生活空间，感受多姿多彩的世界，让自然成为神奇的教育力量，让我们在更多渠道获得成长。国家的未来，不能由巨婴、啃老族组成；国家的未来，需要孩子健康、野性、儒雅、强壮、理性。所以，请不要让“双减”后的周末，再对“刷题”恋恋不舍，让我们一起走出家门，走进自然，走向社会。

这里的“疯”，专指——让人着迷的实践活动。这里的“出去”利用的就是周末时间，带有两个含义：其一，尽可能在户外活动；其二，让父母与子女协同出行。“出去疯”成为我们设想中真正的“大语文”教育新生态。

我们为不同年级提供了相应的活动指南。在《跨学科语文创意作业》的设计系统中，周末的创意是分学段进行的：第一学段（1-2 年级）注重阅读与亲近自然；第二学段（3-4 年级）注重阅读与亲近科学；第三学段（5-6 年级）注重阅读与亲近艺术。

低年级，指向对自然的感受，让学生走进果园，走进山中，去到小溪边，来到沙地上，仰望星空，观望小鱼，凝视远山与白云，让自然调和与温润学生的童心，感受到生活的美好。

中年级，更期待向往科学，能够在一个个有趣的小实验中体会科学的奥秘，开启探索之旅，发现文明历程中一个又一个奇迹。这可能是当代小学生最缺乏的素养，也正是未来建设者与接班人最需要具备的素质。我们建议语文老师，更应该在科学素养的培植上具有国际视野，有格局、有情怀，让学科融合在中年级成为学习的主要方式。

高年级，学生长大了，变得沉默、稳重、深刻了。于是这个时候，我们推荐的是艺术修养，让学生更多感受音乐、舞蹈、绘画、民间艺术，以及各种不同的文明样态，让学生更多走进博物馆，走进音乐厅，走进艺术画廊……与人类最精致的表达形式相伴。

同时，三个学段都加强了“阅读”这一关键的作业，这不是“负担”，而是必须的“承担”。

本书中的每一篇，都按照“做中学”的结构设计。即先进入最具创意的“活动过程”，之后结合活动体验，进入“学习过程”，完成相关的作业。“活动过程”匹配上文所述的基本方向；学习过程则遵循《义务教育语文课程标准》对不同学段的学习目标而设计，同时参考布鲁姆的教育目标分类学中“认知层级分类”理论，对完成作业进行不同层级的设定。这样的设计理念，不让作业出现重复训练、徘徊在低级层面的状态。同时，学生在运用知识解决不同问题的过程中，各部分有整体性的贯通，有助于将新知识融入原有的认知体系。学习过程和活动过程紧密配合，学生在真实的情境中创造性地解决问题，在活动过程中不断调用元认知策略对学习进行调控，希望完成这样的作业系统后，更多学生可以达到“专家学习”的程度。

当然，“出去疯”很容易产生误解——难道周末就要疲于奔命？

不，“出去疯”要和“家里蹲”相融合。学生走出户外充分实践之后，我们也希望他们回到家能在父母的陪伴与引导下，静下心来，平稳情绪，沉着而执迷地将所见所闻、所思所想进行总结与梳理。让反思与沉淀成为学习的常态。

实践之后，我们设计了有趣的、适合不同年级的创意语文作业，让语文学科的听、说、读、写四大能力，与之前的活动体验相结合，让学生的语文学习水平得到真正的提升。这就是“跨学科语文创意作业设计”的基本内核。

美国学者杜威先生最早提出的“做中学”——在充分实践后，在沉迷的学习中，在切身体验里，进行自我反思与总结，进行适当的练习，将所有的知识与亲身感受，个人实践内化为个体的全新经验。这就是我们这套神奇的书在做的事。

“跨学科语文创意作业”为学生打通了一个新的学习路径，建设了一种能够自我提升的自由学习模式。相信这样的学习对学生是最为有益的，也是“双减”政策之后周末的全新作业样态全新的学习模式。

特别感谢全国“两基迎国检”工作先进个人——谢晓丽校长为此书付出的辛勤工作。感谢参与编写的团队伙伴们，按照参与的年级，我们逐一列出他们的名字。这些都是富有创意的老师哦：

一年级

文小荷、林威、戴亚真、林莹莹、魏淑华、蔡玉婷、林瑜婷、李文静、陈佳明、姜明明、林铮、黄美琴。

二年级

黄倩平、张晓洁、刘昕、邱玉萍、陈妙娟、宋妍霖、李扬、李萌、陈冠妃、黄紫璇、林海榕、吴婷、董欣。

三年级

殷霞、吴振芬、池少凡、程燕芳、王棽、司琪格、张萧洋、刘倩倩、张海燕、何静。

四年级

吴瑕、邱雨林、蒲乐洋、颜琳、游伟、张海燕、吴郑亚、陈学蓉、郑子豪、李煌。

五年级

黄莺、陈粮宜、邱雨林、陈焱、潘倩、李明霞、曾雅麟、陈雪芹、颜琳、吴梁红、黄颖俐、陈玲玲、贾俊娇。

六年级

林代尉、刘露、李洪昌、胡凯利、郑子豪、陈炜琦、阮艺蓉、付吓梅、袁艺方、陈欣、林慧、何桂云、李琳琳、黄莺。

好啦。但愿这套《跨学科语文创意作业》能伴随着同学们度过特别有意义的周末，带来语文学习与众不同的快乐。

何　捷

目录

目录

镂空的艺术

剪纸，被称为“镂空的艺术”。一张薄纸，一把剪刀，加上巧思，就能活灵活现地变换出各种形态，随心所欲地表达对美的理解。作为中国最古老的民间艺术之一，剪纸已流传一千五百多年。节日中、庆典上，漂亮的剪纸作品往往寄托着中国人含蓄又热烈的情感。

让我们一起去了解这项有趣且古老的文化遗产吧！

活动过程

活动项目：认识剪纸，了解其自由灵动的艺术魅力及迎祥纳福的文化内涵

活动场所：图书馆、家中

活动时长：30 分钟

活动流程：

查找剪纸发展的历史和故事，了解剪纸的起源以及发展过程。

与家人、朋友们一起欣赏窗花这种形式的剪纸作品，观察其色彩、构图特点，猜测窗花的寓意，感受窗花的美。

学习一种基本的剪纸方法，选择一两个图样，尝试剪一个窗花。

学习目标：

1. 能对艺术产生兴趣，欣赏剪纸的美。

2. 能利用多种信息渠道获取资料，了解剪纸的文化内涵。

学习项目：

【项目作业一】阅读与鉴赏

材料一：

剪纸，是一种生活艺术

剪纸作为中国最古老的艺术形式之一，在民间流传极广。最早出现在魏晋南北朝，到了唐代出现了许多写剪纸的诗词。例如，李远的《剪彩》写道："叶逐金刀出，花随玉指新。"再如，杜甫的《彭衙行》写道："暖汤濯我足，翦纸招我魂。"又如，李商隐的《人日即事》写道："镂金作胜传荆俗，翦彩为人起晋风。"剪纸反映人们对生活的美好愿望和祝福。剪纸的图案通过借喻、象征、借代等手法，寄托种种吉祥含义。例如，蝙蝠的图案表示"福"；喜鹊的图案表示有喜事；鹤取"合"的音，又是长寿的代表；鹿取"陆"和"六"的音，又有福禄的含义。

剪纸作品《鹿鹤同春》

材料二：

图 1 鸡年邮票（剪纸系列）　　图 2 刺绣底样及成品（右为成品）

1. 形成解释：阅读材料一中的文字资料，说说《鹿鹤同春》剪纸作品蕴含着怎样的寓意。你还知道哪些表示吉祥寓意的剪纸纹样？与父母或朋友交流。

2. 评价鉴赏：材料二中的两幅图分别将剪纸运用在邮票、刺绣中，请你选择一个，写下这种应用的好处。

____

____

3. 创意运用：你还发现生活中哪里能应用到剪纸工艺？（至少写两点）

____

____

★阅读推荐★

《中国剪纸新编》（吴良忠 / 编著）

《儿童剪纸大全》（棒棒糖书馆 / 绘编）

【项目作业二】表达与交流

1. 以下分别是北方剪纸和南方剪纸的代表作品，请你仔细观察，试着从主题内容、构图线条、艺术风格等方面跟家人或朋友评一评南北方剪纸作品的异同点。

北方剪纸

南方剪纸

2. 观察“福”字的剪纸图示，尝试用简要的语言把剪纸的步骤写下来。

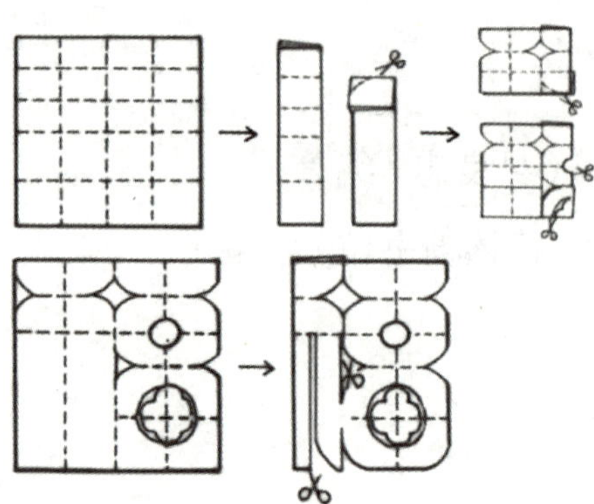

【项目作业三】梳理与探究

1. 根据你了解的有关剪纸图案的寓意，说说你会把以下窗花分别送给哪些人。

2. 欣赏用不同方法剪裁的剪纸作品，与家人或朋友交流你的发现。

阴刻

阳刻

剪影

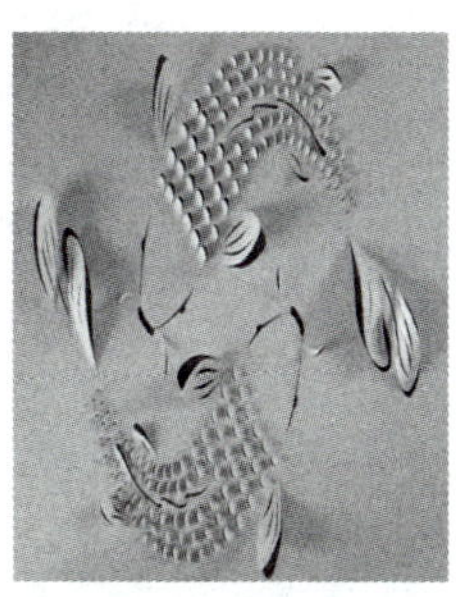
立体剪纸

知识补给站

1. 剪纸的发源地

最早的剪纸实物，是在丝绸之路沿途墓葬以及佛教石窟中发现的。例如，陕西宝鸡市陇县的法门寺、新疆吐鲁番阿斯塔那墓葬、甘肃敦煌莫高窟。我们可以自豪地说：中国是世界剪纸的故乡。

2. 剪纸的方法

（1）折叠：剪纸中最基本的入门的方法，是将纸折叠后产生重复的图案，折叠的次数和角度不同，带来的视觉效果也不同。折叠剪纸的特点是对称性强、图形更具韵律感。我们经常看到的“红双喜”就是运用折叠方法剪出来的。

（2）刺孔：做手工时，用小刀在纸上刻出大概的轮廓，接着用针在图案上刺小孔，就像邮票边缘那种均匀的小孔，这种手法常用于刺绣花样。

毫厘之间的绝技

刀走毫厘，微中见艺。一片树叶、一粒米、一个枣核，甚至是一根头发丝都能成为雕刻的载体，要是你拿着放大镜仔细瞧瞧，就会发现一个个微型的大观园。你会赞叹匠人的巧手，你会对微雕作品爱不释手！让我们一起去欣赏小而精致的微雕作品吧！

活动过程

活动项目：欣赏微雕工艺的美，尝试微雕橡皮

活动场所：美术馆（视安全以及当地情况而定）、家中

活动时长：30 分钟

活动材料：扁平的橡皮、小型雕刻刀具、铅笔、硫酸纸、拨片

制作步骤：用铅笔将图案描摹在硫酸纸上；把纸倒扣在橡皮上，用拨片刮硫酸纸，把图案印在橡皮上；刻刀倾斜一定角度，沿着图案的线条，在外围 2 厘米的地方刻，边刻边剔除废料。

活动流程：

使用放大镜从各个角度观察微雕作品，对比实际物品，感受精巧之美。

选择一个你喜欢的图案，尝试在橡皮上雕刻。

和家人或朋友交流制作体验。

学习过程

学习目标：

1. 能对微雕产生兴趣，欣赏微雕精巧的工艺。
2. 能利用多种信息渠道获取资料，了解微雕这门绝技的文化内涵。

学习项目：

【项目作业一】阅读与鉴赏

核舟记

［明］魏学洢

明有奇巧人曰王叔远，能以径寸之木，为宫室、器皿、人物，以至鸟兽、木石，罔不因势象形，各具情态[①]。尝贻余核舟一，盖大苏泛赤壁云。

舟首尾长约八分有奇，高可二黍许[②]。中轩敞者为舱，箬篷覆之。旁开小窗，左右各四，共八扇。启窗而观，雕栏相望焉。闭之，则右刻“山高月小，水落石出”，左刻“清风徐来，水波不兴”，石青糁之。

船头坐三人，中峨冠而多髯者为东坡，佛印居右，鲁直居左。苏、黄共阅一手卷。东坡右手执卷端，左手抚鲁直背。鲁直左手执卷末，右手指卷，如有所语。东坡现右足，鲁直现左足，各微侧，其两膝相比者③，各隐卷底衣褶中。佛印绝类弥勒，袒胸露乳，矫首昂视，神情与苏、黄不属。卧右膝，诎右臂支船，而竖其左膝，左臂挂念珠倚之——珠可历历数也。

舟尾横卧一楫。楫左右舟子各一人。居右者椎髻仰面，左手倚一衡木，右手攀右趾，若啸呼状。居左者右手执蒲葵扇，左手抚炉，炉上有壶，其人视端容寂，若听茶声然。

其船背稍夷，则题名其上，文曰“天启壬戌秋日，虞山王毅叔远甫刻”，细若蚊足，钩画了了，其色墨。又用篆章一，文曰“初平山人”，其色丹。

通计一舟，为人五；为窗八；为箬篷，为楫，为炉，为壶，为手卷，为念珠各一；对联、题名并篆文，为字共三十有四。而计其长，曾不盈寸。盖简桃核修狭者为之。嘻，技亦灵怪矣哉④！

【注释】

①罔不因势象形，各具情态：全都是就着材料原来的样子刻成各种事物的形象，各有各的情态。

②高可二黍（shǔ）许：大约有两个黄米粒那么高。

③其两膝相比者：他们互相靠近的两膝。

④技亦灵怪矣哉：技艺也真神奇啊！

1. 梳理分析：分别从船头、船尾、船舱三个角度思考文中的核雕最吸引你的地方是什么，并用思维导图进行梳理。

2. 评价鉴赏：阅读材料，试着从技艺方面评价王叔远的这一核雕作品。

3. 创意应用：除了作为装饰品的核雕，微雕技术还应用在生活中的哪些方面呢？请查找资料列出来。（至少两点）

★阅读推荐★

纪录片：《讲究》第三季——《微雕：空前绝后的微雕技艺》

【项目作业二】表达与交流

1. 观察、欣赏微雕作品，并结合你查找的资料，想一想在不同的材料上雕刻，需要注意什么。和父母或朋友交流你的想法。

铅笔芯微雕

寿山石微雕

核雕

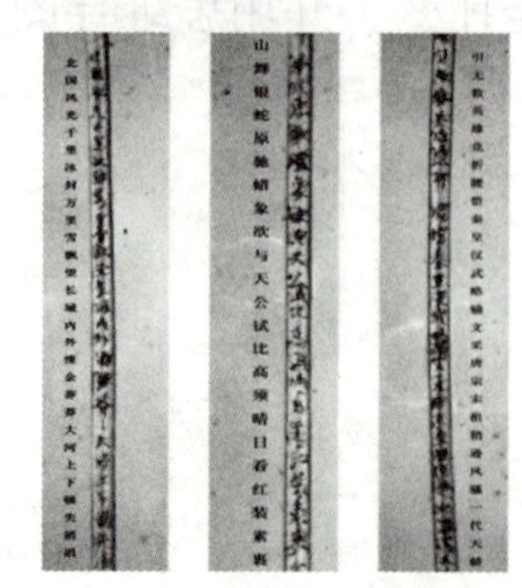

头发丝微雕《沁园春·雪》

2. 微雕技术在现代生活中运用广泛。同时，各式各样的微雕作品无不体现造物之美。请你观察以下微雕作品，选择其中一两个，从艺术和功用两方面进行评价。把你的想法写下来吧。

金簪子

叶雕书签

折扇坠子

微雕木刻画摆件

【项目作业三】梳理与探究

1.有人说：微雕是显摆技艺，没有实际的用途。也有人说：微雕是以刀代笔，集书、画、雕三妙，不可笔笔窥见的超视觉艺术。你赞同哪一种说法？查找相关资料，为你赞同的一方写一段辩论词。

____

____

2. 微雕是一门极难的绝技，需要极强的耐心和一定的艺术修养。学校艺术节将开展微雕 DIY 课堂，请你设计一张宣传海报，吸引大家来体验微雕。

世界上最小的漫画书

世界上最小的漫画书《胡安娜编织的星球》刻在一根头发上，人的头发直径约为 80 微米，而这部漫画共有 12 幅图，每幅图仅占 25 微米，是借用集中离子束完成的，因此只能借助显微镜阅读。

方寸间的创意

马路上遛遛，书架上看看，商场里逛逛，你会发现各式各样的标志在我们的生活中随处可见。它作为符号化的语言，简洁无声地传播着丰富的信息。每一个“方寸间的创意”都饱含着设计师的巧思。就让我们展开一场标志探秘之旅，去一一了解吧！

活动过程

活动项目：认识各种标志，描绘一个标志

活动场所：校园、马路、公园等公共场所（视安全以及当地情况而定）

活动时长：30 分钟

活动流程：

拍摄沿途所见各种标志，根据用途和含义对标志进行分类。

观察思考不同类别标志中的图形、文字、用色等特点，并与家长、朋友们探讨交流。

把印象最深的标志临摹出来，分析这样设计的优点是什么。

观察临摹出来的标志，思考其表达的含义，分析标志在传播信息方面的优点。

学习目标：

1. 能对艺术产生兴趣，欣赏生活中标志的创意之美。
2. 能利用多种信息渠道搜集资料，领会标志的文化内涵，尝试创作标志。

学习项目：

【项目作业一】阅读与鉴赏

材料一：

标志是一种有象征意义的视觉符号。标志的表现形式可以是文字、图形和数字的组合，也可以是单独的文字、图形或数字。标志有主题明确、简洁明了、图案凝练的特点。

2008年北京奥运会的标志——会徽就是经典之作，它将中国书法、拓印技艺与体育融合在一起，红、黑、白三种简单又鲜明的色彩相得益彰。例如，底色是红色，象征着中国最庄严的色彩；中国印来自古代印章中的“随形印”和“肖形印”；小篆体的“京”字配合奔跑的“人”，线条极其有活力；汉语拼音beijing和数字2008又象征着2008年奥运会在北京召开。

图 1 2008 年北京奥运会会徽——中国印·舞动的北京

2000 年悉尼奥运会会徽中包含回旋镖、太阳、岩石、蓝色港湾、金色沙滩、红色内陆等元素，使人易于联想到澳大利亚的人与景。三支土著人狩猎用的回旋镖组成了奔跑运动员的形象，上方的帆形图案借鉴悉尼歌剧院顶部的波浪图案，也象征着燃烧的奥运圣火，体现了充满活力的澳大利亚风貌。标准字“悉尼 2000”的非正式手写风格，符合澳大利亚人民闲适惬意的生活方式与开放友好的性格。

图 2 2000 年悉尼奥运会会徽

材料二：

标志，按照表现手法可以分为具象型标志和抽象型标志。其中，具象型标志可以分为人体造型、动物造型、植物造型、器物造型、自然造型。具象型标志忠实于再现事物的形态。人与人的沟通不只限于文字和语言，有时候动作也可以传递信息和情感。

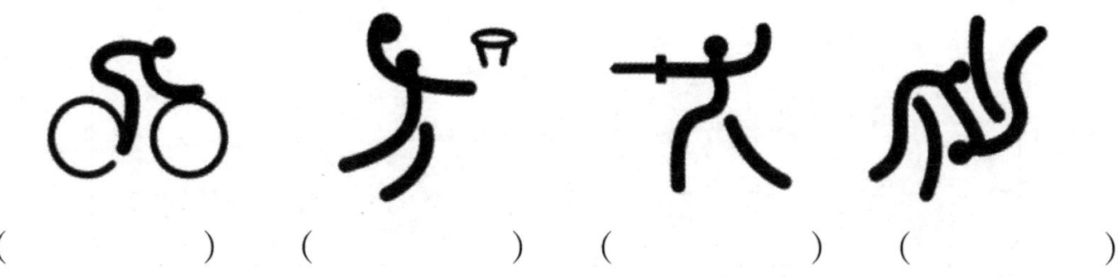

（　　　　）（　　　　）（　　　　）（　　　　）

1. 比较分析：阅读材料一，查找相关资料，评一评图 1 和图 2 这两个奥运会会徽的异同点。

____

____

2. 评价鉴赏：观察材料一中的两个奥运会标志，你认为哪个部分的设计最有创意并阐明理由。

____

____

3. 创意运用：尝试用身体大致模拟材料二出示的这些运动标志的动作，有依据地猜测分别代表哪些奥运项目，将想法填在图片下方。

★阅读推荐★

视频：《安全标志》

【项目作业二】表达与交流

1. 设定一个主题："班级"。和小伙伴一起进行头脑风暴，自由联想和班级有关的元素，用文字把你们的想法连接起来，可以配上简单的图形，最后将所有想法绘制成思维导图画在下面的方框里。

注意：进行头脑风暴时，无论好坏，鼓励同学们畅所欲言，其他人不评价；可以在其他同学的创意上进行延伸；确定好记录人。

2. 在生活中，有各式各样的标志。有简洁易识的公共标志，有极具特色的商业标志，有明亮醒目的交通标志，还有活泼明快的运动标志……选一类你最感兴趣的标志，查找相关资料，写清楚它的特点。（可以用上说明方法）

【项目作业三】梳理与探究

班徽是一个班级的标志，代表了班级的形象。学校将举办班徽设计大赛。请你和同学们一起商量，共同设计一枚符合班风班貌、主题鲜明、内涵丰富的班徽，画在下面的方框里，并附上设计说明。（解释各个部分所代表的含义和象征的具体事物）

知识补给站

1. 上古时代的“图腾”是标志的起源。每个部落都选用一个与自己有神秘关系的动物作为部落的标记。例如，女娲氏族以蛇为图腾，夏禹的祖先以黄熊为图腾。人们将图腾刻在居住的洞穴和劳动工具上，后来就成为族旗、族徽。国家产生以后，到了近现代，又演变成国旗、国徽。中国以龙为图腾，英国以狮子为图腾，美国的图腾是白头鹰，法国的图腾则是大公鸡。

2. 标志设计的基本原则——具备独特性、注目性、通俗性、通用性、信息性、文化性、艺术性、时代性等。

怀袖的雅物

古人将扇称为“怀袖雅物”。在漫长的发展演变过程中，扇不仅是夏日必备佳品，用于遮日引风，还对书法、绘画等其他艺术形式产生了深远的影响。让我们一起了解扇的形制，体会扇的内涵吧！

活动过程

活动项目：认识扇，了解扇的形制和内涵

活动场所：美术馆、家中

活动时长：30 分钟

活动流程：

选择两种形制的扇子，观察两者的外形并对比其不同。

与家人、朋友或同学交流扇子上所绘、所写的内容，查询结果，感受扇的文化内涵。

确定合适的绘画内容，尝试在扇上画一画，画好后送给长辈。

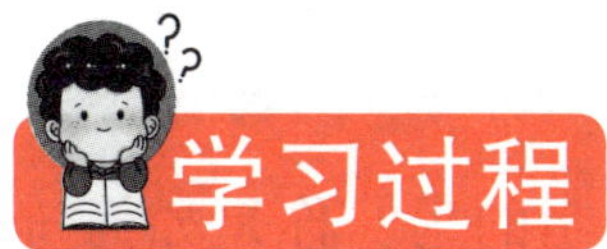

学习过程

学习目标：

1. 能对艺术产生兴趣，欣赏扇的外在形制之美。
2. 能利用多种信息渠道搜集资料，体会扇的内在文化之雅。

学习项目：

【项目作业一】阅读与鉴赏

材料一：

图 1

图 2

材料二：

怨歌行

［汉］班婕妤

新裂齐纨素，鲜洁如霜雪。

裁为合欢扇，团团似明月。

出入君怀袖，动摇微风发。

常恐秋节至，凉飙夺炎热。

弃捐箧笥中，恩情中道绝。

1. 比较分析：材料一中图 1 和图 2 分别是哪种形制的扇？你是如何辨别的？

____

____

2. 形成解释：阅读材料二，思考合欢扇这一形制的扇被赋予了什么内涵。

____

____

3. 创意运用：对比生活中的蒲扇（图 3）和文人用的折扇（图 4），说一说，它们有什么区别。（至少两点）

图 3　　　　图 4

____

____

★阅读推荐★

《扇子史话》（沈从文/著）

《名家扇集》（吴昌硕/著）

【项目作业二】表达与交流

1. 观察下面几幅图中出现的扇，和父母或同学交流：以下几种扇分别是哪些对象使用的？将交流的结果写下来。

图5 ［唐］阎立本《历代帝王图》（局部）

图6 清代宫扇

图7 现代舞台扇

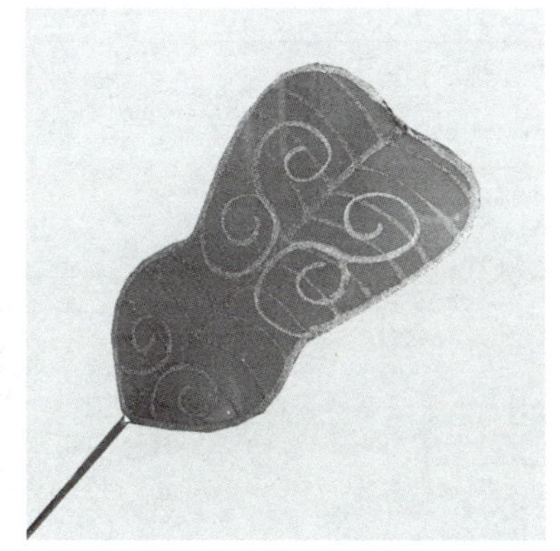

图8 芭蕉扇

____

____

2. 从团扇、羽扇、芭蕉扇等不同形制的扇中选择一种，想一想还有什么问题，针对问题搜集并筛选更多资料，把你的研究结论写下来。

我的问题：____

____

研究结论：____

____

【项目作业三】梳理与探究

1. 扇子也被广泛运用于现代建筑设计之中。请你查找相关资料，说一说：目前哪些建筑采用了扇形外观？这样设计好在哪里？

____

____

2. 扇与“善”同音，有善良之意。请你以扇为原型，为班级设计一个标志，并写一写你的灵感来源吧！

画一画	写一写

扇子的故事

三国时期的诸葛亮手摇羽扇指挥三军，司马懿赞叹道：“真名士也！”从此，羽扇便与古代名士联系在一起。

苏轼《念奴娇·赤壁怀古》中的词句“羽扇纶巾，谈笑间，樯橹灰飞烟灭”是描写周瑜的，说明他也是这样潇洒地摇着羽扇指挥战役的。

《晋书·顾荣传》记载：“荣麾以羽扇，其众溃散。”魏晋时期的大将顾荣一挥羽扇，陈敏所率的叛军很快溃败。羽扇也显示了顾荣指挥千军万马胜若闲庭信步的气度。

“不刚不柔”的竹编

竹编是中国传统的手工艺术，兼具审美价值和实用价值。人们以前割草用的竹篮、淘米用的淘箩、睡觉用的竹席……都是用竹子编成的。如今，竹编却逐渐消失在大众的视野中。让我们重启竹编的大门，一起去欣赏“不刚不柔”的竹编吧！

活动项目：了解竹编制品

活动场所：家中、竹编制品店（有条件可前往）

活动时长：30 分钟

活动流程：

用手触摸竹编制品，猜一猜它的制作材料。

观察竹编制品的造型、线条，与家人或朋友说一说自己的感受。

选择一个自己喜欢的竹编制品，尝试用手工编织带编一编。

学习过程

学习目标：

1. 能通过多种方式欣赏竹编的实用之美和设计之美，激发保护优秀传统文化的情感。

2. 能归纳并说出竹编制品的基本特点和编织过程。

学习项目：

【项目作业一】阅读与鉴赏

材料一：

在古代，人们把“不刚不柔，非草非木，小异空实”的植物称为竹。竹子有本固、性直、心空、节贞的特点，所以又被视为君子的象征。王羲之第五子、著名书法家王子猷曰：“不可一日无此君。”苏东坡也曾说过：“宁可食无肉，不可居无竹。”由此可见，竹子对中华民族有着深远的影响。

竹材质量轻、坚固、韧性好，因此竹编制品的应用范围比陶器、青铜器和铁器更广泛，竹编制品便成了人们生活和生产中主要的用品。

竹编制品不仅实用，还内含中华民族的智慧，其精巧的样式具有极大的观赏价值。人们被竹编之美打动：或沉醉于竹编的天然肌理，或惊叹其精美的编织，或倾于其流畅的形态，或喜爱其质朴的色泽……但如今，竹编这门传统手工艺术却逐渐淡出了人们的视野。

材料二：

制作竹编首先需要对竹子的品质进行筛选。筛选时需要注意以下三点：第一，不应在春分至芒种这个时间段采竹，这段时间竹子的糖分多，易生虫；第二，要选择竹竿笔直、竹子间节较长的竹子；第三，要选择生长在山背面、太阳光不经常照射的竹子，竹龄为三年最好，低于三年的竹材过于娇嫩，高于三年的竹材太脆，容易断。

接着是竹篾的制作。制作竹篾有六步：（1）锯竹：锯竹时要根据需制作的竹器来决定尺寸，尽可能减少竹节数量；（2）去节：把竹子上的竹节削平打通；（3）刮青：刮去竹子上的青色竹皮；（4）剖竹：根据所需的尺寸把竹子剖成竹条；（5）分篾：把竹条劈成比较薄的竹篾；（6）三防：为了防止发霉、蛀虫、开裂，要把竹篾放入双氧水中煮沸并晾干。

最后是编织竹篾为竹器。竹器是由一根根的竹篾编织而成的，一般把纵向摆放的竹篾称为经条，把横向摆放的竹篾称为纬条，通过经条和纬条的穿插来编织竹器。竹编技术还可分为两类：平面编织和立体编织。平面编织一般有十字编、米字编、斜纹编等。立体编织的流程一般分为三步：（1）起底：编织竹器的底部；（2）编织：编织竹器的侧面，必要时可以运用模具；（3）锁口：对边缘处进行缠绕固定。

1. 获取信息：在塑料制品出现以前，竹编制品为何会成为人们生活和生产中主要的用品？请你阅读材料一，归纳并说出竹编制品的特点。

____

____

2. 创造生成：制作竹编可不是一件容易的事。为了让这门传统手工艺术更好地传承下去，请你阅读材料二，试着为竹编工艺绘制一幅简单的流程图。

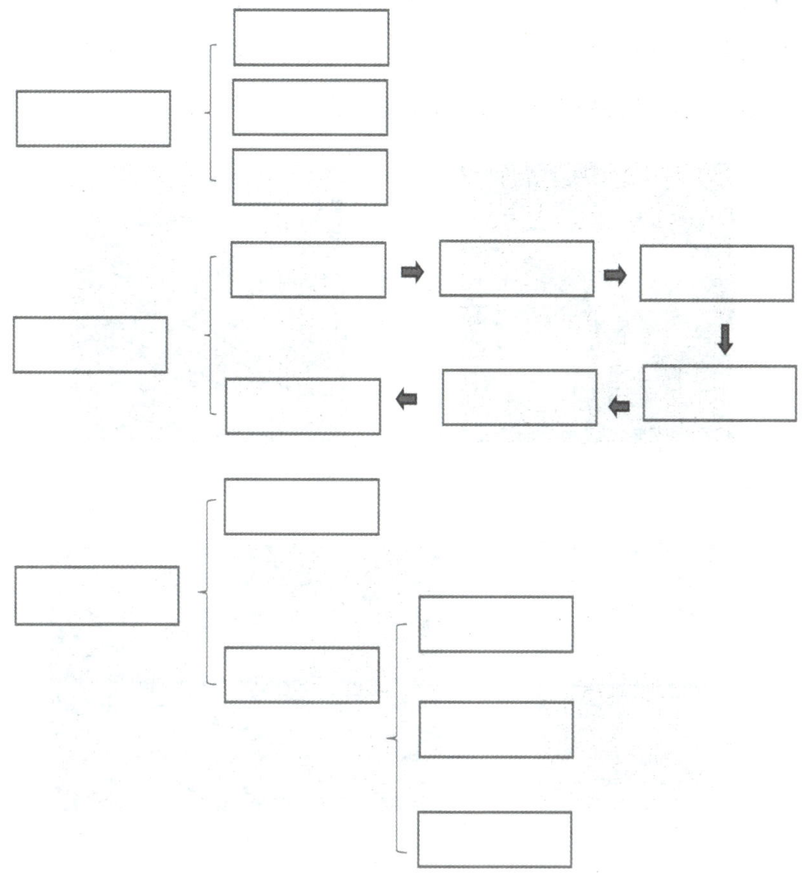

★阅读推荐★

视频：《90 后小伙敢破偏见，立志用余生传承竹编文化》

视频：川美学院奖作品竹编装置《肆意生长》创作过程

【项目作业二】表达与交流

1. 由于种种原因，竹编面临失传甚至完全消失的困境。请上网查找资料，找出竹编的现状以及存在的问题，并试着给竹编的传承提出相应的建议。

现状	
我的建议	

2. 见过竹编艺术的人，无不被它打动：或沉醉于竹编的天然肌理，或惊叹其精美的编织，或倾于其流畅的形态，或喜爱其质朴的色泽……请观察下面的图片，说一说你最欣赏竹编哪方面的美。

图 1　　图 2

图 3　　图 4

____

____

【项目作业三】梳理与探究

1. “编，编，编花篮，花篮里面有小孩……”这首童谣你一定不陌生。请上网观看编花篮的视频，再结合项目作业一“阅读与鉴赏”中的资料，和伙伴们说一说竹编花篮的制作流程吧！

2. 竹编和陶瓷碰撞在一起，会焕发出怎样的魅力？图 5 将一根根竹丝比例匀称地编织在白瓷外面，不仅设计精美，极具观赏价值，还非常实用。你想将竹丝和什么物品编织在一起？请你尝试设计一款属于你的竹编特色装饰产品，再简单写一写产品创意书吧！

图 5

画一画	写一写

知识补给站

1. 竹编工艺品的类别

竹编工艺品类别繁多，有花瓶、盒、竹屐、花钵、竹笠、竹罐、茶具、篮、盆、盘等日用小器物；有箧笥、家具、浴具、凉席等日用较大器物；还有竹编书画、竹编文具等艺术品。

2. 竹编工艺品的现状

竹编工艺品由于普遍存在更新换代速度慢、制作周期长等问题，因此逐渐被方便快捷的塑料制品取代。与此同时，因为很难招到年轻学员，所以竹编技艺面临传承断层的困境。政府应大力扶持竹编艺术家，唤醒人们对竹编的重视，让中国的传统艺术得以传承下去。

陈情于边塞

琵琶在民乐中可谓大名鼎鼎，相信你也一定不陌生吧！它是一种传统的弹拨乐器，有着两千多年的悠久历史，经常在边塞诗中出现。今天，就让我们一起去聆听风格各异的琵琶声吧！

活动项目：认识琵琶

活动场所：琴行（视安全以及当地情况而定）、家中

活动时长：30 分钟

活动流程：

查找琵琶的起源和相关故事。

聆听琵琶曲《夕阳箫鼓》，感受琵琶曲明亮柔和的特点，再和朋友交流自己的感受。

观看《夕阳箫鼓》演奏视频，随着乐曲模仿表演者弹奏时的动作。

学习过程

学习目标：

1. 能对民乐产生兴趣，欣赏琵琶的外形美和旋律美。
2. 能说出琵琶的起源以及琵琶这一意象的不同内涵。

学习项目：

【项目作业一】阅读与鉴赏

材料一：

琵琶女

还记得那晚明月皎洁，江水滚滚。我独自守着空泛的木舟，倚靠在阑干（指栏杆）上，弹奏着日夜陪伴在我身边的琵琶。凄凉的声音飞到了千里之外，也不知道传入了哪家。

夜晚江边，一个孤单的身影静默地坐着，仿佛听懂了我琴音中的爱恨情愁，听懂了我琴音中流淌的长歌。琵琶声戛然而止。一片静默之中，他突然站起来，微笑着对我说："同是天涯沦落人，相逢何必曾相识。"我的眼泪再次从脸上滑落，滴到琴弦上。

琵琶声再次响起，为了你懂我的音。

材料二：

凉州词

［唐］王翰

葡萄美酒夜光杯，欲①饮琵琶马上催②。

醉卧沙场君莫笑，古来征战③几人回？

【注释】

①欲：将要。 ②催：催人出征。 ③征战：打仗。

从军行

［唐］王昌龄

琵琶起舞换新声，总是关山旧别情。

撩乱边愁听不尽，高高秋月照长城。

1. 评价鉴赏：材料一中描写了琵琶女的故事。请你思考琵琶在这个故事中有什么含义，并联系生活实际，说说你读后的感受。

____

____

2. 比较分析：阅读材料二中的两首边塞诗。和家人交流：琵琶作为这两首诗中的主要意象，有着怎样的内涵？

____

____

★阅读推荐★

古诗：［唐］白居易《琵琶行》

视频：刘德海大师琵琶独奏《十面埋伏》

【项目作业二】表达与交流

1. 仔细观察下图中传统的木制琵琶和现代的水晶琵琶，和同学交流：这两种琵琶在造型和材质上有什么不同？

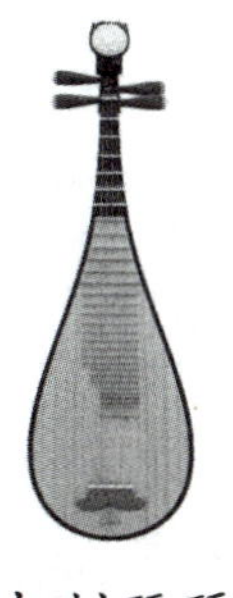

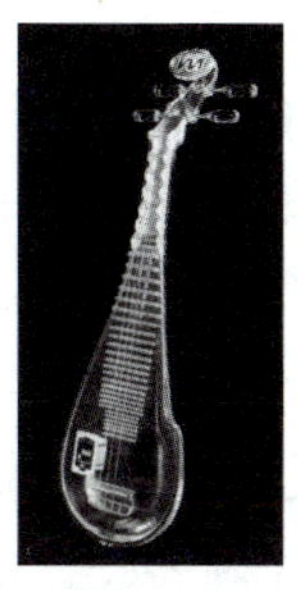

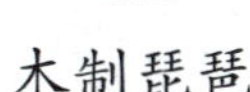

木制琵琶　　水晶琵琶

2. 聆听琵琶曲《十面埋伏》，结合背景资料和父母交流：你仿佛看到了一幅怎样的画面？这些旋律背后蕴含了怎样的情感？

背景资料：

相传在秦朝末年，楚军队伍里的韩信参加了很多次战斗后，仍然没有得到重用。后来，楚军被项羽接管，项羽也没有重用韩信。韩信很是失落，他决定去刘邦管理的汉军中找更好的出路。因为韩信名气不大，他在汉军队伍里也没机会施展拳脚。韩信既生气又无奈，打算离开。汉军大将萧何知道韩信是个不可多得的人才，赶紧派人把他追回来，举荐他做了一名大将。

韩信做了大将后，带领汉军一举夺得了关中的三秦之地。在他把齐国打败的同时，汉王刘邦却被楚霸王项羽逼得走投无路。最后，韩信带三十万士兵占领苏北，把楚军围在了垓下，最终大获全胜。

【项目作业三】梳理与探究

1. 琵琶原来叫作“批把”。你知道“琵琶”这一称呼是怎么演变而来的吗？说说你的猜测，并结合知识补给站进行验证。

2. 琵琶对中国的传统手工编制工艺也产生了影响，如下图所示。查阅资料，说一说：琵琶还对哪些艺术产生了影响？

琵琶结

知识补给站

1. 琵琶的起源

琵琶在最早时被称为“批把”，是中华民族乐器中古老的弹拨乐器之一，相传已有两千多年的历史了。在汉代刘熙所著的《释名·释乐器》一书中记载：“批把本出于胡中，马上所鼓也。推手前曰批，引手却曰把，象其鼓时，因以为名也。”大概的意思是：琵琶是骑在马上弹奏的乐器，向前弹出称作批，向后挑进称作把，根据它演奏的特点而命名为“批把”（琵琶）。

2. 十大琵琶名曲

《十面埋伏》《大浪淘沙》《昭君出塞》《霸王卸甲》《塞上曲》《夕阳箫鼓》《阳春白雪》《月儿高》《海青拿天鹅》《彝族舞曲》。

唢呐声声思传承

音色明亮且豪放，红白事宜都用它。你猜到是什么乐器了吗？对啦！就是唢呐。唢呐在中国历史悠久，深受广大民众的喜爱。可如今，唢呐却逐渐走向没落。让我们一起走近唢呐，为传承优秀的民族文化尽一份力吧！

活动过程

活动项目：认识唢呐，感受唢呐富于变化的特点

活动场所：艺术馆（视安全以及当地情况而定）、家中

活动时长：30 分钟

活动流程：

观察唢呐的外形，猜测如何让唢呐发出声音。

聆听唢呐曲《百鸟朝凤》并观看相关视频，感受唢呐高亢、富于变化的音色，并和家人、朋友说说自己的感受。

模仿《百鸟朝凤》中演奏者吹唢呐时的动作，试着吹一吹唢呐，感受其音量、音高的变化。

学习过程

学习目标：

1. 能对民乐产生兴趣，通过多种方式欣赏唢呐的外形和旋律美。
2. 能搜集并阅读相关资料，了解唢呐艺术的发展，传承优秀的民族文化。

学习项目：

【项目作业一】阅读与鉴赏

材料一：

唢呐文化是中华传统文化中必不可少的一部分，它也是中国传统民俗的重要标志。在农村举行婚礼或丧礼时，都会通过吹唢呐曲来表达情感。除此以外，礼、乐、秧歌会等活动中，也少不了唢呐的身影。

材料二：

唢呐艺术的发展，主要是它传承方法的转变。现在的唢呐曲大多是以记录曲谱来进行传承的。而在唢呐艺术发展的初始阶段，唢呐的传承仅仅是靠口耳相传这种简单的形式。这种记录过程并不系统，也缺乏对具体指法的记载，导致相同的曲目在不同表演者的手中会出现很大的差异。而恰恰是这种指法的缺失，促进了唢呐艺术的传承与发展。

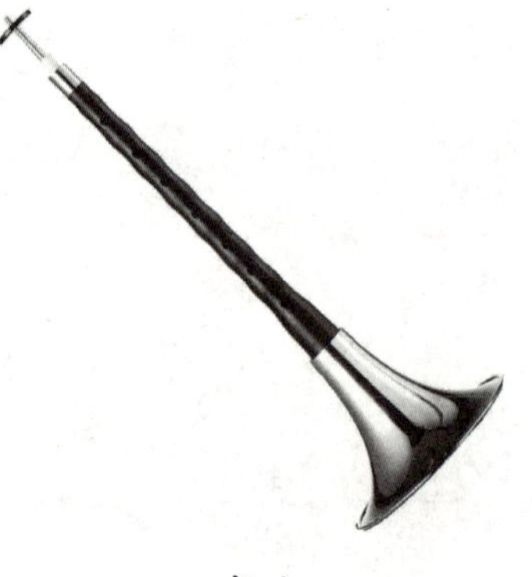

唢呐

唢呐艺术发展的第二个阶段，是部分唢呐艺术家通过自己的所学改变了唢呐最传统的创作风格，使唢呐创作发展迅猛。唢呐曲《胜利秧歌》就是以唐山皮影戏为基本素材来创作的新型唢呐曲。

唢呐艺术发展的最新的一个阶段是在改革开放后。一些年轻的唢呐艺术家在唢呐音乐中加入了创新元素。就拿《霸王别姬》这首唢呐协奏曲来说，它是以京剧音乐为素材创作的，利用唢呐豪迈、清脆的音调，生动形象地描绘出了楚霸王项羽和虞姬身处绝境的心情。

1. 获取信息：阅读材料二，说一说唢呐艺术经历了哪些发展阶段，你又有怎样的感受。

____

____

2. 创意运用：曾经，唢呐风靡全国、万人追捧，如今物是人非、风光不再，消失的何止唢呐，不复存在的又何止民俗。请联系生活实际，谈谈你的看法。

____

____

★阅读推荐★

《小河丁丁少年西峒系列：唢呐王》（小河丁丁 / 著）

视频：《巅峰对决〈刀剑如梦〉，唢呐不出谁与争锋！》

【项目作业二】表达与交流

1. 有人说：“听《百鸟朝凤》，能看到一幅莺歌燕舞、鸟语花香、生机勃勃的画面。”请欣赏唢呐曲《百鸟朝凤》，和小伙伴说一说你看到的画面吧！

____

____

2. 听唢呐声声，思文化传承。唢呐逐渐走向没落，令人无比惋惜。你能为唢呐写一段解说词，让人们重新了解它吗？在你感兴趣的选项后打√，并查阅资料写一写。

解说项目	我最想介绍的是
外形构造	
音色特点	
演奏方式	
应用场合	

____

____

【项目作业三】梳理与探究

1. 二胡和唢呐碰撞到一起，会擦出怎样的火花？请你聆听二胡和唢呐共同演奏的《刀剑如梦》，轻声哼唱并打打节拍吧！

2. 唢呐广场是四川省丹棱县标志性建筑之一。你的家乡也想采用唢呐的外形，为城市增添一道亮丽的风景线。请你画一画设计图，再写一写你创意的来源。

知识补给站

1. 唢呐的音色特点

唢呐的音色豪迈、开朗，刚中带着柔情，而柔情里又带着点刚强。所以，在民间非常受人们喜爱和欢迎，农村的红白喜事一般都会用到它。

2. 唢呐的类别（按地域分）

①客家唢呐。它的历史十分悠久，多分为喜调和悲调，寻常老百姓家红白喜事都要用到。到现在，送孩子去部队参军也会请唢呐队来演奏。

②大竹竹唢呐。它是四川省达州市大竹县月华乡独有的竹唢呐，音调清新，悦耳动听，还被收入了四川省非物质文化遗产名录。

③子长唢呐。它是陕北唢呐的重要组成部分，主要指杆长尺三、尺二五的大唢呐。

……

最古老的汉族乐器

你知道吗，笛子是到现在为止人们发现的最古老的汉族乐器。一说到笛子，你又会想起什么呢？是翠绿的竹子，还是悠扬婉转的笛声，抑或影视剧中快意恩仇的剑客……接下来，就让我们一起去聆听或悠扬或低沉的笛声吧！

活动项目：认识笛子

活动场所：琴行（视安全以及当地情况而定）、家中

活动时长：30 分钟

活动流程：

观察笛子的外形，了解笛身、笛孔、笛头塞等基本构造。

欣赏笛子十大名曲之一《喜相逢》，感受笛子音色清亮的特点，并和家长、朋友交流自己的感受。

尝试吹奏笛子，让它发出声音。

学习过程

学习目标：

1. 能对民乐产生兴趣，欣赏笛子的外形美和笛曲的美。

2. 能利用多种渠道搜集资料，体会笛子背后蕴含的文化情感。

学习项目：

【项目作业一】阅读与鉴赏

材料一：

笛　子

在今天的音乐课上，我认识了中国最具特色的吹奏乐器——笛子。老师让我们查找笛子的历史资料。于是，我迫不及待地来到图书馆，在茫茫书海中寻找答案。

万幸，《传统乐器》这本书给了我答案：笛子历史悠久，又被称为竹笛、横笛，最早可以上溯到新石器时代的骨笛，距离今天已经有8000余年。骨笛是一种用来诱捕猎物的工具，一般用鸟、禽的骨头制成。后来，人们把制笛的材料改为了竹子。

书中还记载：汉代以前，竹笛多为竖吹，后逐渐变为横吹。它流传地域很广，最普遍的是梆笛和曲笛。北方梆笛吹出的曲子刚健豪放、活泼轻快，具有强烈的北方色彩，这和中国北方人民的生活、劳动习惯是分不开的。梆笛细且短小，音色高亢、明亮、有力，演奏者主要运用舌上技巧吹响笛子。梆笛一般用于北方吹歌会、评剧等的伴奏，也可以用来独奏。而曲笛多用于南方昆曲，被南方戏迷称为班笛、市笛等。曲笛吹出的音色悠扬委婉，具有浓厚的江南韵味，与北方梆笛独奏曲粗犷有力的特点形成强烈对比。曲笛在中国南方十分流行，适宜独奏、合奏，是昆曲等音乐中极具特色的乐器之一。

材料二：

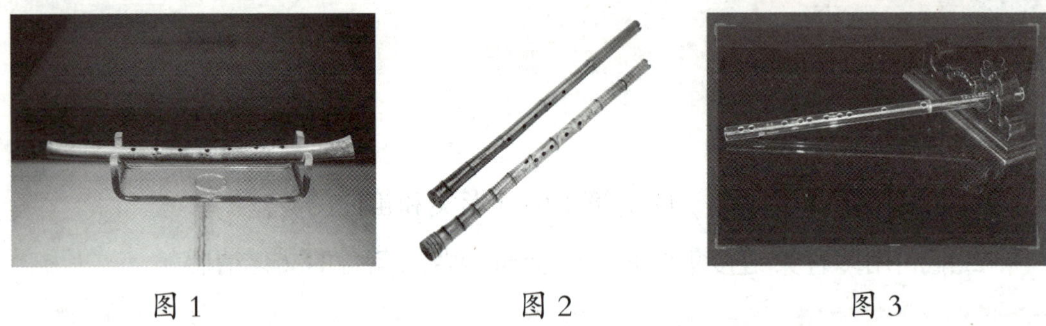

图 1　　图 2　　图 3

1. 比较分析：材料一主要介绍了梆笛和曲笛这两种笛子。请你对比两者之间的不同，将发现的结果写下来。（至少两点）

____

____

2. 创意运用：请你观察材料二中的三幅图片，再联系生活实际，思考笛子外形发生变化的原因。

____

____

★阅读推荐★

《传统乐器》（肖迪 / 编著）

视频：笛曲《刀剑如梦》

【项目作业二】表达与交流

1. 如果要把“笛子”这种乐器介绍给你的好朋友，你最想介绍哪几个方面？（起源、外形、种类、特点、演奏方法……）请你查阅资料，选择其中一个方面进行介绍。

____

____

2. 太阳渐渐升起，树林中的鸟儿也睁开了惺忪的睡眼……请欣赏《苗岭的早晨》，和父母、朋友说一说你想象到的画面吧！

____

____

【项目作业三】梳理与探究

1. 作为最古老的汉族乐器，笛子自古以来就被赋予了不同的文化情感。崔道融的《梅花》中这样写道：“横笛和愁听，斜枝倚病看。”幽怨的笛声勾起了人的愁思。请你查阅相关资料，思考笛子还被赋予了什么文化情感。

我的猜测：________________________________

我查的资料：______________________________

____

2. 如果你是笛子的制造者，除了用骨头、竹子、水晶制作笛子，你还会用什么材料制作笛子呢？试着画下你的设计图，并在旁边配上简单的文字说明。

画一画	写一写

知识补给站

1. 和笛子有关的诗句

谁家玉笛暗飞声，散入春风满洛城。

——［唐］李白《春夜洛城闻笛》

笛奏梅花曲，刀开明月环。

——［唐］李白《从军行》

胡人吹玉笛，一半是秦声。

——［唐］李白《观胡人吹笛》

2. 与笛子有关的成语及典故

《晋书·向秀传》曾记载：向秀和嵇康、吕安是好友。嵇康、吕安被杀后，向秀万分悲伤。有一次，他经过山阳（今江苏淮安）旧居，听到了邻居吹笛，笛声嘹亮。他感伤至极，于是写下了《思旧赋》：“听鸣笛之慷慨兮，妙声绝而复寻。”“山阳闻笛”便渐渐成了一种传统：每当诗人追悼亡友之时，便会有悠扬的笛声缓缓而起。

蝴蝶琴

你们见过外来乐器——扬琴吗？自传入中国以来，人们对扬琴的称呼可不少：形状像蝴蝶，称之为“蝴蝶琴”；演奏方式是打击，又称之为“打琴”；制作材料是铜丝，还称其为“铜丝琴”。今天，让我们一起认识外形美丽、声音清脆悦耳的乐器——扬琴。

活动过程

活动项目：了解扬琴，并用厨具模拟扬琴敲一敲

活动场所：琴行（视安全以及当地情况而定）、家中

活动时长：30 分钟

活动流程：

观察扬琴的共鸣箱、琴弦、琴竹等，初步了解扬琴的构造。

视听扬琴名曲《渔舟唱晚》，感受扬琴音色明亮、清脆动听的特点。

用厨房里的锅、碗、瓢、盆、勺模拟打击乐器，并尝试敲一敲。

学习目标：

1. 能对民乐产生兴趣，欣赏扬琴的外形美和音律美。

2. 能利用多种信息渠道搜集资料，体会扬琴背后中西方文化的交融。

学习项目：

【项目作业一】阅读与鉴赏

材料一：

扬　琴

妈妈带我去认识扬琴。看到琴行里的实物，我一下子就喜欢上扬琴了。因为它的琴箱形状像蝴蝶，又被人们称为“蝴蝶琴”。

老板告诉我，扬琴是一种发源于中东地区的击弦乐器。明朝万历年间，随着中国和西亚日趋密切的友好往来，扬琴由波斯经海路传入中国。

“这种琴流行吗？我怎么从来没听过？”我的脑袋里有无数个问号。

“哈哈！公元12—13世纪，扬琴在东欧各国十分流行。传入中国后，它最初只流行在广东一带，后来逐渐扩散到中国各地。它在许多地方戏曲和曲艺中都被用于伴奏，如粤剧、闽剧、沪剧、扬剧、汉剧等。不少民间曲艺还以‘扬琴’命名，如山东琴书、四川扬琴、北京琴书等。”老板笑眯眯地说。

“哦！”这下我明白了，“不过，扬琴该怎么演奏呢？”

“拿着吧，小朋友。”老板把两支琴竹递给了我，“演奏扬琴时，琴应置于架上，演奏者左右手各执一琴竹，分别敲击两侧的琴弦。扬琴的演奏技巧灵活多样，便于表现轻快、活泼的曲调。经过400多年的流传和民间艺人的不断创新，扬琴不论在乐器制作、演奏艺术，还是在乐曲创作上，都已具有中国传统特色和民族风格。”

材料二：

扬琴

古筝

材料三：

扬琴自传入中国后，民间常常称之为“洋琴”。这是当时的中国人对外来物品的一种笼统称呼，他们喜欢在外来物品前加个“洋”字，如药片称“洋药”，煤油称“洋油”，火柴称“洋火”，连外国人都称为“洋人”。而“洋琴”这一名称直接告诉我们，它是外来物。

1. 评价鉴赏：阅读材料一和材料三，请你从外形、演奏技巧、起源等方面评一评扬琴。

____

____

2. 比较分析：请你观察材料二中的两幅图片，再联系生活实际，说一说扬琴和古筝有什么不同之处，又有什么相同的美。

★阅读推荐★

视频：扬琴曲《林冲夜奔》

【项目作业二】表达与交流

1. 欣赏扬琴曲《流水欢歌》，你仿佛会看到一幅怎样的画面？把你想象中的河南红旗渠的美景风光写下来，再在旁边画一画吧！

画一画	写一写

2. 作为外来的乐器，经过几百年的演变，扬琴已融入中国文化，特别是在外形设计上。请你欣赏一下，再和家人们交流扬琴是如何“中化”的。

图 1 精美花纹

图 2 檀木材料

图 3 镂空工艺

【项目作业三】梳理与探究

1.扬琴传入中国后，除了外形发生变化外，曲子也融入了中国元素，如《苏武牧羊》《林冲夜奔》等。请欣赏扬琴曲《林冲夜奔》，在音乐中感受中西方文化的交融吧！

2. 新年音乐会快到了，请你试着设计一份“扬琴独奏音乐会”的海报，并附上图片和文字。

海报的内容：①文字：活动主题；宣传语；活动时间；活动地点；主办单位等。②插图。

知识补给站

1. 扬琴的演奏技法

连弹、滑抹音、拨弦、反竹、泛音、摘音、击板等。

2. 扬琴“中化”

明末，扬琴由波斯传入中国。历经几百年的时间，中国民间艺人在借鉴中国民间音乐演奏技法的基础上，对扬琴外形、音色、击弦工具等进行了改良。最终，扬琴逐渐演变成中国民族乐队中必不可少的乐器。

绕梁的余音

你知道“琴棋书画”中的“琴”指的是什么吗？没错，就是古琴。对古人来说，古琴不但是一种乐器，更是一位挚友，古人通过弹奏古琴来寄情抒怀。让我们走近古琴，体会古琴背后的知音文化吧！

活动过程

活动项目：认识古琴，感受古琴曲节奏、力度的变化

活动场所：琴行（视安全以及当地情况而定）、家中

活动时长：30 分钟

活动流程：

观察古琴的外形，说一说它和古筝的区别。

欣赏古琴曲《流水》，感受古琴曲节奏、力度的变化。

尝试用水流表现《流水》这首曲子的不同段落，进一步感受古琴曲节奏、力度的变化。

学习过程

学习目标：

1. 能对民乐产生兴趣，欣赏古琴曲的美。

2. 能利用多种信息渠道获取资料，体会古琴背后的知音文化。

学习项目：

【项目作业一】阅读与鉴赏

材料一：

忆昔去年秋，江边曾会君。
今日重来访，不见知音人。
但见一抔土，惨然伤我心！
伤心伤心复伤心，不忍泪珠纷。
来欢去何苦，江畔起愁云。
子期子期兮，你我千金义，
历尽天涯无足语，此曲终兮不复弹，三尺瑶琴为君死！

——《警世通言·俞伯牙摔琴谢知音》（节选）

材料二：

琴者，禁也。古人制下，原以治身，涵养性情，抑其淫荡，去其奢侈。若要抚琴，必择静室高斋……还有一层，又要指法好，取音好。若必要抚琴，先须衣冠整齐，或鹤氅，或深衣，要如古人的像表，那才能称圣人之器，然后盥[①]了手，焚上香，方才将身就在榻边，把琴放在案上，坐在第五徽[②]的地方儿，对着自己的当心，两手方从容抬起，这才心身俱正。还要知道轻重疾徐，卷舒自若，体态尊重方好。

——节选自［清］曹雪芹《红楼梦》

【注释】

①盥：浇水洗手，泛指洗。

②徽：琴面嵌着十三个圆点，称为徽。

资料三：

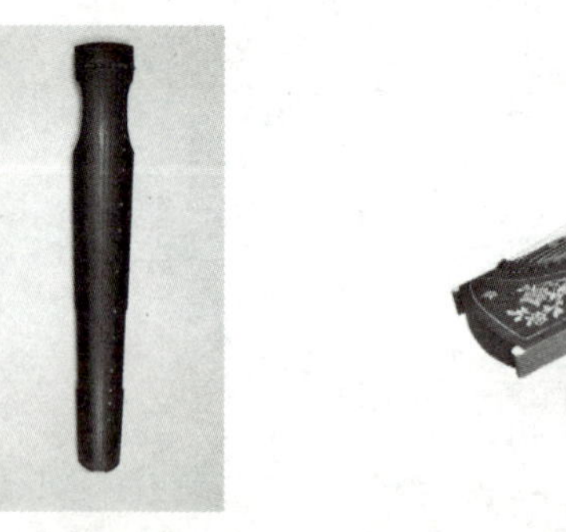

古琴

古筝

1. 获取信息：你知道材料一中提到的“知音”指的是谁和谁吗？再查找相关资料，说说你对“知音”的了解。

2. 评价鉴赏：相传《高山流水》为伯牙所作，在唐朝以前为一曲，后来分为《高山》《流水》二曲。请再次欣赏管平湖演奏的古琴曲《流水》，试着把你想象到的画面写下来。

3. 创意运用：在现代，为什么学习古筝比学习古琴的人更多？请结合材料二和材料三，列出你的观点。（至少两点）

★阅读推荐★

书籍：《古琴》（［瑞典］林西莉 / 著　许岚、［瑞典］熊彪 / 译）

视频：古琴曲《广陵散》

【项目作业二】表达与交流

1. 分别欣赏用古琴演奏和用小提琴、圆号、钢琴演奏的同名音乐作品《高山》《流水》，并把你的感受记录下来。

作品形式	感受
古琴曲	
西洋乐器	

2. 结合历代名人的点评，体会古人是如何借助古琴（古琴曲）承载深情厚谊的。想一想：在生活中，你与知己好友是如何交流的？把想到的写下来。

★名家点评★

七条弦上五音寒，此艺知音自古难。

——［唐］崔珏《席间咏琴客》

伯牙山高水深深，万世丘垄一知音。

——［宋］黄庭坚《次韵无咎阎子常携琴八村》

后志在乎流水，言智者乐水之意。

——［明］朱权《神奇秘谱》

【项目作业三】梳理与探究

1. 随音乐轻声哼唱《哆啦 A 梦之歌》，欣赏由古琴、古筝、哨笛等乐器演奏的合奏曲。

2. “高山流水觅知音”的故事广为流传，人们与古琴的故事也在生活中延续着。请你选择一首喜欢的古诗，并配上合适的古琴曲进行朗诵。

知识补给站

1. 古琴的五音、七弦、十三徽

五音——宫、商、角、徵、羽；

七弦——金、木、水、火、土、文、武；

十三徽——琴面上的十三个标志，作为演奏时音准的参考。

2. 古琴代表作

《广陵散》《高山》《流水》《梅花三弄》《阳春白雪》《胡笳十八拍》《渔樵问答》等。

“扁平”的艺术

中国文字的演变，经过了漫长的历史积淀。其中，字形扁平而飘逸的隶书，在其中是很独特的存在，对文字发展有着重要的意义。让我们一起了解隶书的风格特点，感受“扁平”的艺术之美！

活动项目：认识隶书，了解其特点

活动场所：书店或家中

活动时长：30 分钟

活动流程：

查找隶书发展的历史和故事，了解隶书的起源以及发展历史。

从隶书字帖中选出看不懂的字，与同行的家人、朋友们猜测，查询结果，了解隶书的发展与演变。

选择一两个字，尝试临帖书写。

翻阅几本隶书碑帖，比对并思考隶书的笔画特点。

学习目标：

1. 能对艺术产生兴趣，欣赏隶书的美。
2. 能利用多种信息渠道获取资料，了解隶书的演变与发展。

学习项目：

【项目作业一】阅读与鉴赏

材料一：

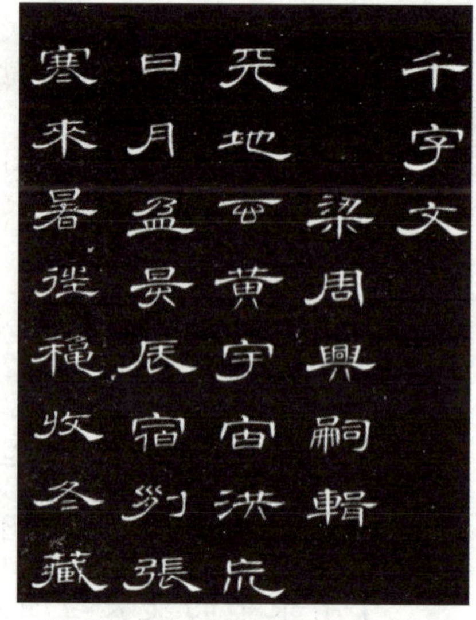

《千字文》节选

材料二：

千字文（节选）

［南北朝］周兴嗣

天地玄黄，宇宙洪荒。

日月盈昃，辰宿列张。

寒来暑往，秋收冬藏。

1. 比较分析：你能分辨出材料一和材料二所呈现的分别是什么字体吗？你是如何辨别的？

____

____

2.创意运用：在日常书写中，为什么不再使用隶书了？列出你的观点。（至少写两点）

____

____

3. 评价鉴赏：阅读竖式排列的隶书碑帖《千字文》，欣赏横式与竖式排列的形式之美。

★阅读推荐★

《启功给你讲书法》（启功 / 著）

隶书字帖：《曹全碑》

【项目作业二】表达与交流

1. 仔细地观察隶书和楷书的“有”字，和父母交流：隶书和楷书在笔画和结构上有哪些不同？将最后的讨论结果写出来。

选自《曹全碑》

选自《多宝塔碑》

____

____

2. 以下是隶书名作《曹全碑》的原碑部分和历代名人对《曹全碑》的评价。结合材料，评一评《曹全碑》，把想到的写下来。

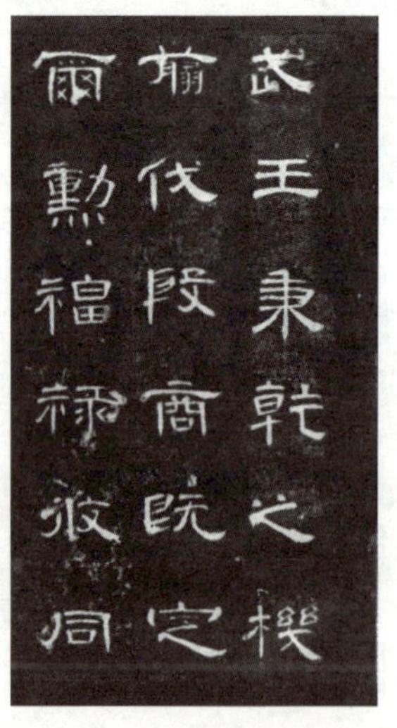

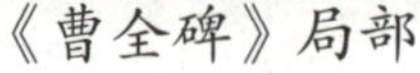

《曹全碑》局部

★名家点评★

书法家孙承泽：“字法遒秀，逸致翩翩，与《礼器碑》前后辉映，乃汉石中之宝也。”

康有为：“《孔宙》《曹全》是一家眷属，皆以风神逸宕胜。”

徐树钧：“神味渊隽，尤耐玩赏。”

从前人评析中可以看出，《曹全碑》最显著的特征是典雅逸静，若一位翩翩君子，不激不励，中正平和，既符合规范，又飘然逸出。

结合自己的学习感受，从以下几个角度点评：

①字的形态；②字的结构；③字间布局。

____

____

【项目作业三】梳理与探究

1. 查一查，用隶书的写法如何写你的名字，并试着临摹下来。

2. 按照时间顺序，在横轴上梳理字体演变的过程。

甲骨文 ———————————————— 草书 →

知识补给站

1. 隶书的结构特点：字形扁方左右分展，起笔蚕头收笔燕尾，化圆为方化弧为直，变画为点，变连为断，强化提按粗细变化。

2. 隶书几大风格代表作：工稳端庄类，如《礼器碑》；方劲古朴类，如《张迁碑》；秀丽飘逸类，如《曹全碑》；宽博厚重类，如《衡方碑》；雄放态肆类，如《石门颂》。

汉字之“楷”模

楷书是汉字的一种字体，被认为是汉字的楷模。《辞海》解释说它“形体方正，笔画平直，可作楷模”。楷书的风格特点是怎样的？我们该如何学习楷书？让我们一起走近楷书，领略楷书的艺术魅力吧！

活动过程

活动项目：认识楷书，了解其风格特点

活动场所：书店或家中

活动时长：30 分钟

活动流程：

查一查楷书发展的历史和故事，了解楷书的起源以及发展历史。

认识楷书四大家欧阳询、颜真卿、柳公权、赵孟頫，以及他们的作品，体会不同书法家笔下楷书的不同风格特点。

尝试临写楷书四大家经典碑帖中的文字。

学习目标：

1. 能对书法艺术产生兴趣，欣赏楷书之美。

2. 能欣赏楷书的不同风格。

学习项目：

【项目作业一】阅读与鉴赏

注：《九成宫醴泉铭》为欧阳询所书，是其晚年代表作，是后人学习的范本。

1. 阅读理解：《九成宫醴泉铭》所呈现的是什么字体？这种字体有什么特点？

____

____

2. 创意运用：在生活中，哪些地方可以使用楷书？为什么？

____

____

3. 评价鉴赏：《九成宫醴泉铭》被后世誉为“天下第一楷书”，请试着写一写它的美体现在哪些地方。

____

____

★阅读推荐★

楷书字帖：

《九成宫醴泉铭》（欧阳询 / 书）

《多宝塔碑》（颜真卿 / 书）

《玄秘塔碑》（柳公权 / 书）

《玄妙观重修三门记》（赵孟頫 / 书）

【项目作业二】表达与交流

仔细观察下面四件楷书作品，思考它们的不同之处。可以和老师、父母、同学交流，并将思考、交流后的结果写下来。

作品一
选自欧阳询
《九成宫醴泉铭》

作品二
选自颜真卿
《多宝塔碑》

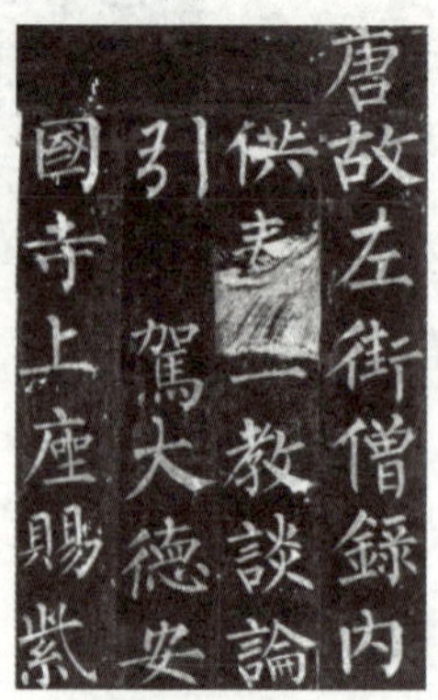

作品三
选自柳公权
《玄秘塔碑》

作品四
选自赵孟頫
《玄妙观重修三门记》

【项目作业三】梳理与探究

1. 守护汉字

请在楷书四大家的作品中，选择任意一个字作为你的守护对象。你需要不断临写它，写得越像原作品越好。

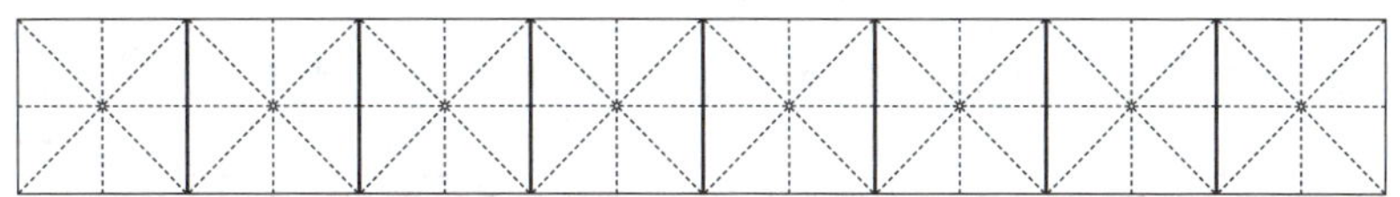

2. 除了楷书四大家，历史上还有哪些以楷书著称的书法家？他们有哪些代表作？他们的作品风格是怎样的？请同学们根据以上问题，查找资料并填写表格。

姓名	代表作	作品风格

知识补给站

1. 楷书四大家，是对中国书法史上以楷书著称的四位书法家的合称。他们分别是：唐朝欧阳询、唐朝颜真卿、唐朝柳公权、元代赵孟頫。因为影响深远，他们的书体又分别被称为：欧体、颜体、柳体、赵体。

2. 欧阳询书法小故事——观索靖碑。

欧阳询聪敏勤学，尤其喜好书法，几乎达到痴迷的程度。据说有一次欧阳询骑马外出，偶然在道旁看到晋代书法名家索靖所写的石碑。他骑在马上仔细观看了一阵才离开，但刚走几步又忍不住返回，下马观赏，赞叹多次，且不愿离去，便干脆铺上毡子坐下反复揣摩，最后竟在碑旁一连坐了三天才离去。

千古流“行”

中华民族的汉字文化博大精深、源远流长，纵观书法字体的演变历程，我们不得不感叹那点画之间所散发出的魅力与精气神。相较于楷书的形体方正、笔画平直，行书的出现，则很大程度上凸显了文人雅士追求自由奔放、随心所欲的内心世界。接下来，我们就一起走进行书的世界，在行云流水的笔画中，领略艺术之美吧！

活动项目：认识行书，了解行书的结构特点

活动场所：家中或者图书馆

活动时长：30 分钟

活动流程：

查一查行书发展的历史和故事，了解行书的起源与发展历史。

从行书字帖中，选择最喜欢的字进行临摹。

将自己临摹的作品分享给同学或者家人，对比原帖，进一步感受笔画特点，调整运笔的节奏，进行第二次临摹。

学习目标：

1. 能探究行书的起源与发展。
2. 能够从多渠道获取行书的字帖资源，感受行书的“律动”之美。

学习项目：

【项目作业一】阅读与鉴赏

材料一：

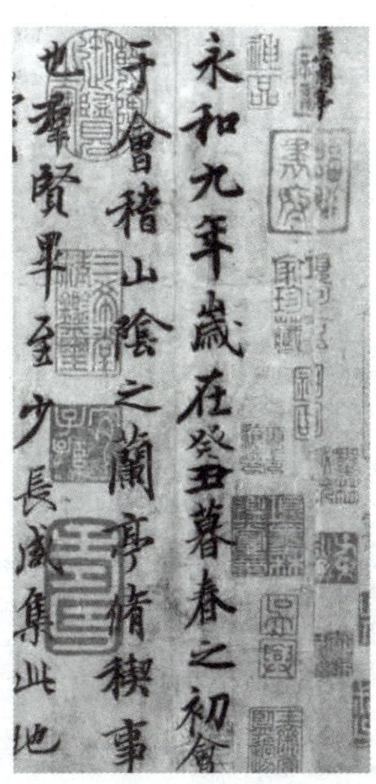

天下第一行书《兰亭序》节选

材料二：

兰亭序（节选）

［东晋］王羲之

永和九年，岁在癸丑，暮春之初，会于会稽山阴之兰亭，修禊事也。群贤毕至，少长咸集。

1. 比较分析：你能辨别出材料一和材料二分别是什么书体吗？你是根据哪些特点区分出来的？

____

____

2. 创意运用：在日常书写中，运用行书有什么好处？（至少列出两点）

____

____

3. 评价鉴赏：欣赏材料一《兰亭序》，感受此帖竖排书写所展示的错落感和形态美，把你的感受写下来。

____

____

★阅读推荐★

《兰亭序（绘本版）》（吴菲 / 著　叶露盈 / 绘）

行书字帖：《兰亭序》

【项目作业二】表达与交流

1. 仔细观察《兰亭序》中同一个“之”字写法的异同之处，将你的发现写出来。

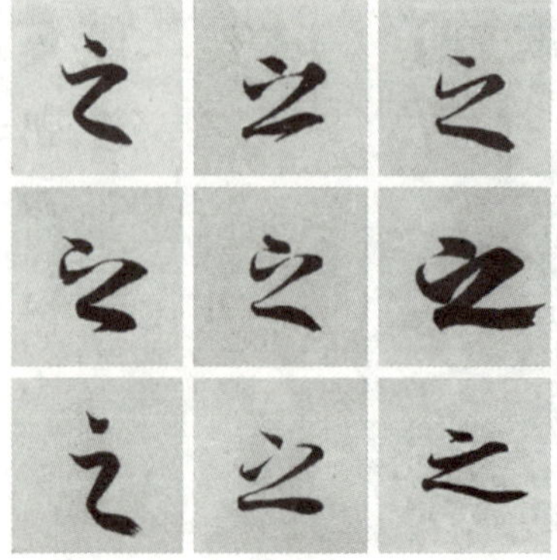

选自神龙本《兰亭序》

2. 结合材料，并根据历史资料对神龙本《兰亭序》的评价，试评元朝赵孟頫所临摹的《兰亭序》，把想到的写下来。

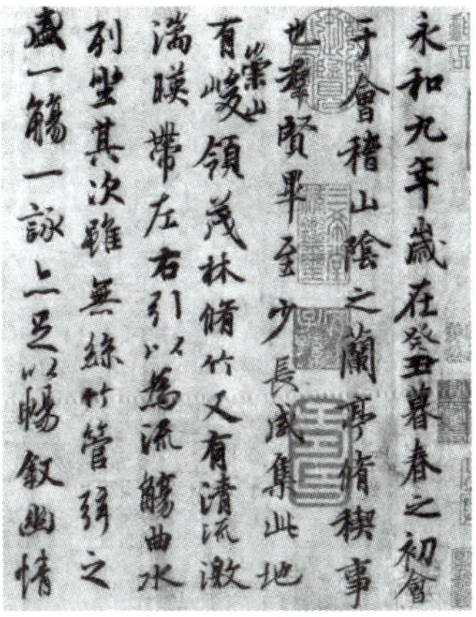

神龙本《兰亭序》局部 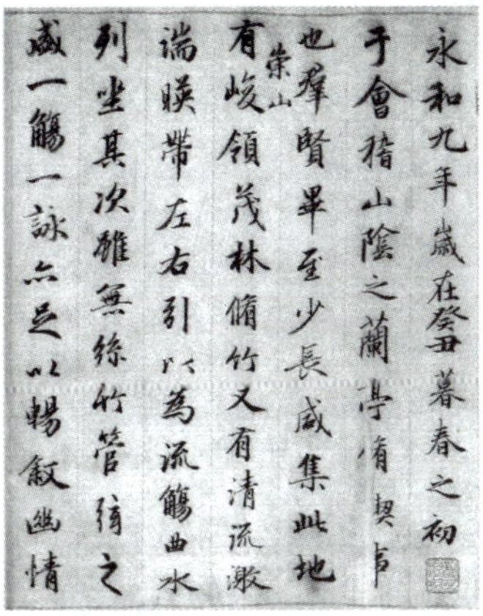　　赵孟頫《兰亭序》局部

★资料袋★

米芾：称之为“天下行书第一帖”。

黄庭坚：“《兰亭序》草，王右军平生得意书也。反复观之，略无一字一笔不可人意。摹写或失之肥瘦，亦自成妍，要各存之于心，会其妙处耳。”

世人常用曹植《洛神赋》中“翩若惊鸿，婉若游龙，荣曜秋菊，华茂春松。仿佛兮若轻云之蔽月，飘摇兮若流风之回雪”一句来赞美王羲之的书法之美。

结合自己的学习感受，从以下几个角度点评：

①大小的变化；②结字的规律；③排列的顺序。

【项目作业三】梳理与探究

1. 搜索行书“天道酬勤”这四个字的写法，试着临摹。

2. 梳理行书的起源和发展，列出代表人物及其作品。

知识补给站

1.《祭侄文稿》是唐代书法家颜真卿的行书书法作品。它与东晋王羲之的《兰亭序》、北宋苏轼的《黄州寒食帖》并称为“天下三大行书”，亦被誉为“天下行书第二”。这件作品是颜真卿在极度悲愤的情绪下书写的，是他感情的自然流露，极具艺术价值。

2.《黄州寒食帖》是苏轼行书的代表作。这件作品的内容是苏轼被贬黄州第三年寒食节所写的两首诗。诗写得苍凉多情，表达了苏轼此时惆怅孤独的心情。此诗的书法也反映了苏轼的这种心情。

多姿的线条

篆书，形成于商周，其笔画圆转、字形优美，呈现出庄严肃穆的风格，极具艺术审美价值。让我们走近篆书，走进那古朴自然、优雅生动的线条世界。

活动项目：认识篆书，了解其风格特点

活动场所：书店或家中

活动时长：30 分钟

活动流程：

查一查篆书发展的历史，了解篆书的起源以及发展历史。

通过欣赏篆书经典碑帖，初步体会篆书独特的艺术风格。

选择篆书经典碑帖中的一个字，尝试临写。

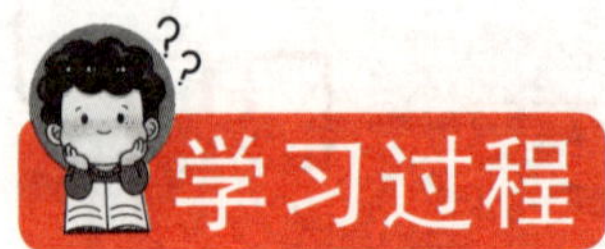

学习目标：

1. 能对书法艺术产生兴趣，欣赏篆书之美。

2. 能体会篆书的不同风格。

学习项目：

【项目作业一】阅读与鉴赏

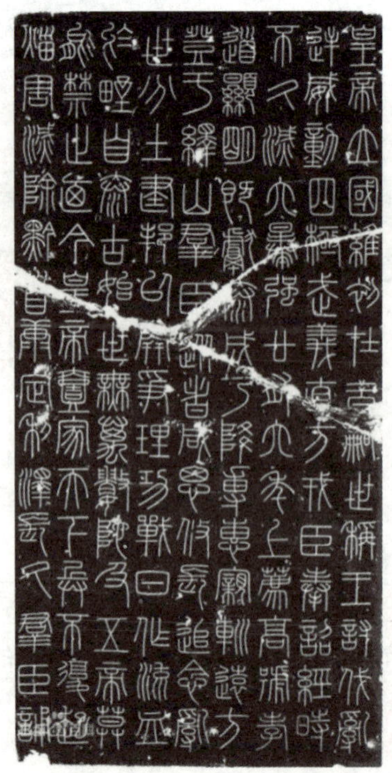

《峄山刻石》传为秦代李斯所书。书法上，其用笔单一，转角处都呈弧形；字的结构对称均衡，又强调在对称中求变化；章法秩序井然，具有节奏韵律感。

1. 阅读理解：《峄山刻石》所呈现的是什么字体？这种字体有什么特点？

____

____

2. 形成解释：结合你搜集的资料，说一说《峄山刻石》的主要内容。

____

____

3. 评价鉴赏：《峄山刻石》的第一个字是“皇”。与我们常见的楷书“皇”相比，篆书“皇”有什么独特之处？

____

____

★阅读推荐★

篆书字帖：

《邓石如篆书〈千字文〉》（邓石如 / 书）

《天发神谶碑》（皇象 / 书）

《城隍庙碑》（李阳冰 / 书）

【项目作业二】表达与交流

观察以下三个篆书“水”字，说一说你有什么发现。可以和老师、父母、同学交流，并将思考、交流后的结果写下来。

选自邓石如《篆书千字文》

选自李阳冰《城隍庙碑》

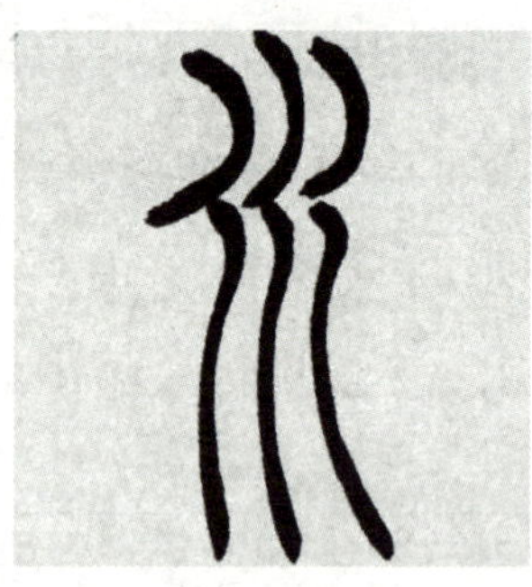
选自吴让之《吴均贴》

【项目作业三】梳理与探究

1. 篆书字画

请你查一查“父”“母”“子”这三个字的篆书写法，并以这三个字的篆书写法为基础，画一幅简单的篆书字画。

2. 我国最古老的文字是什么？和秦代使用的篆书有什么关系？查一查资料，把梳理后的结果写下来。

____

____

知识补给站

1. 大篆和小篆：大篆包括甲骨文、金文、石鼓文等。小篆是秦始皇实施“书同文”采用的字体。

2. 篆书与篆刻：篆刻之所以被称为篆刻，是因为刻在印章上的字都是篆书。篆刻是以篆书为基础的，学习篆刻一定要以学习篆书为基础。

心灵的画面

提起京剧，你的脑海中一定会浮现出丰富多彩的京剧脸谱。你知道吗，脸谱作为中国戏曲化妆的特殊手段，不但颜色鲜明绚丽、线条犀利流畅，还蕴含着所演人物的性格特点，被誉为角色“心灵的画面”。让我们一起来了解这项有趣的文化遗产吧！

活动过程

活动项目：了解京剧脸谱

活动场所：京剧剧场、当地戏剧博物馆或家中

活动时长：30 分钟

活动流程：

跟唱《唱脸谱》，阅读脸谱相关资料，了解脸谱色彩的象征意义，感受其艺术价值。

观看京剧表演，查阅资料，了解脸谱的谱式，感受其艺术特色。

运用京剧脸谱表现人物性格的特点，尝试以家人为对象，为其绘制京剧脸谱。

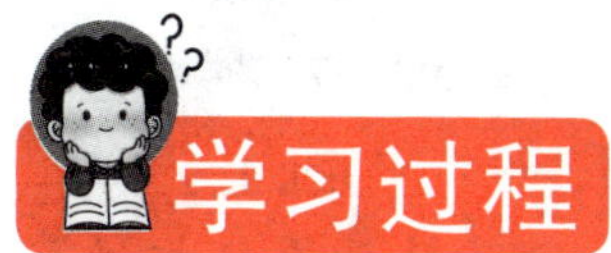

学习过程

学习目标：

1. 查阅资料了解京剧脸谱知识，了解京剧脸谱图案和色彩的象征意义，培养对京剧的欣赏能力。

2. 能够根据谱式绘制、设计京剧脸谱，将其应用到生活中。

学习项目：

【项目作业一】阅读与鉴赏

材料一：

对于不同的京剧行当，脸谱的绘画情况不一。“生”“旦”面部化妆简单，略施脂粉，叫“俊扮”“素面”“洁面”。而“净行”与“丑行”面部绘画比较复杂，特别是“净”，都是重施油彩的，图案复杂，因此称“花脸”。戏曲中的脸谱，主要指“净”的面部绘画。而“丑”，因其扮演喜剧角色，故在鼻梁上抹一小块白粉，俗称“小花脸”。

材料二：

图 1

图 2

图 3

图 4

（图画选自《清升平署扮相谱》

1.比较分析：你能根据材料一的介绍，分辨出材料二中“生”“旦”“净”“丑”对应的是哪一幅图画吗？连一连，想想你是如何辨别的。

图 1	气势雄厚的“净”
图 2	滑稽阴险的“丑”
图 3	意气风发的“生”
图 4	眉眼皆笑意的“旦”

2. 评价鉴赏：跟唱《唱脸谱》，梳理不同颜色的脸谱对应的代表人物，品一品不同颜色代表的不同性格特点。

★阅读推荐★

《清昇平署戏曲人物扮相谱》（杨连启 / 编著）

《京剧脸谱》（肖静娟 / 编著）

【项目作业二】表达与交流

1. 和父母或朋友到剧院观看京剧《华容道》，查阅资料：了解关羽和曹操的脸谱谱式类型。根据脸谱谱式和色彩，结合唱词，判断人物性格。

人物：________________　　人物：________________

谱式类型：____________　　谱式类型：____________

性格特点：____________　　性格特点：____________

2. 运用学到的脸谱色彩和图案表现性格的方法，说一说自己某个家人鲜明的性格特点，尝试给他设计一个脸谱，把想到的写下来。（可以从色彩、谱式、图案等方面介绍）

____

____

____

____

【项目作业三】梳理与探究

1. 把你为家人设计的脸谱画出来。

2. 发挥想象，尝试把绘制的“家人京剧脸谱”设计成一件文创产品，进一步美化，使之服务于我们的生活，并把自己的创意说给家人听，听取他们的意见，获取支持。比如手袋、衣服等。

1. 脸谱图案特点：脸谱图案非常丰富，大体上分为额头图、眉型图、眼眶图、鼻窝图、嘴叉图、嘴下图。每个部位的图案变化多端，有规律而无定论，如：包拯黑额头有一白月牙，表示清正廉洁；杨戬画有三眼，来源于古典传说；赵匡胤的龙眉表示其为真龙天子。

2. 脸谱布局特点：从线条和布局来看，大致可分为整脸、三块瓦脸、十字门脸、碎花脸、歪脸、太监脸、小花脸等。每一种脸谱虽画法各异，但都是从人的五官部位、性格特征出发，以夸张、美化、变形、象征等手法来寓褒贬，分善恶，从而使人一目了然。

戏舞百态

中国戏曲有上千年的发展历史，与古希腊戏剧、古印度梵剧并称“世界三大古老戏剧”，在改良、融合中不断演变。在发展过程中，中国戏曲形成了独特的艺术表现手段——唱、念、做、打。让我们走进戏曲艺术化的舞蹈中，感受“做功”“打功”虚实之间独特的魅力。

活动过程

活动项目：观看经典剧目《拾玉镯》《三岔口》，了解戏曲艺术

活动场所：图书馆、剧院、家里

活动时长：30 分钟

活动流程：

观看《拾玉镯》《三岔口》片段，了解传统戏剧中精彩的故事情节。

借助《拾玉镯》《三岔口》，区别戏曲的“做功”和“打功”。

模仿《拾玉镯》或《三岔口》中的虚拟动作，并展开想象，大胆创编、表演相关内容。

学习过程

学习目标:

1. 搜集、阅读相关资料，欣赏戏曲片段，了解传统戏曲的“做功”“打功”及其特点。

2. 能通过多种方式感受戏曲艺术表演的美，感悟中华传统戏曲虚实相生的独特艺术魅力。

学习项目:

【项目作业一】阅读与鉴赏

材料一:

虚拟性是京剧艺术的重要特征之一，也是京剧艺术表现生活的基本手法。京剧演员在舞台上往往模拟生活实际进行艺术表演。

比如《拾玉镯》中有一段家喻户晓的“做功”。女主角孙玉娇赶鸡、喂鸡、纳鞋底等“做功”都是虚拟的。从头上找针，不小心扎到手指头，穿针引线，搓线抖线，一系列动作行云流水，以假乱真。其实鸡、鞋、针线都没有实物，我们却能通过孙玉娇的两只空手、灵活的眼神、灵巧的体态准确地感受到，这就是京剧“做功”的魅力。

京剧的虚拟不但准、像，而且美、传神。

戏中有这样一个镜头，孙玉娇与傅朋相见，一见倾心。怎么表现呢？戏中两双含情脉脉的眼睛直勾勾地盯着对方。媒婆发现了，忍不住站在二人中间去挡，可是炙热的目光哪里挡得住？于是，刘媒婆用自己的长烟袋，从上边往虚拟的线上一压，结果男女双方的眼睛也都凝视下方。

一虚拟，表演就传神了，艺术就活了！

材料二：

《三岔口》最吸引人的是其舞蹈化的武打场景。两位演员精湛的“打功”具有极高的审美价值。全剧的中心是一场摸黑搏斗，演员们的精彩表现主要在以下几个方面：首先，舞台上分明灯火通明，观众却从两位演员摸索着的身姿、闪转腾挪、追逐厮杀的表演中感觉到，这是在伸手不见五指的黑夜里进行的一场紧张激烈的搏斗。要表现出近在咫尺却仍然无法觉察到对方的情形，两位演员只能调动视觉以外的感觉，用耳朵听，用鼻子嗅，用手摸索追踪。这些细小微妙的表情动作，演员们都能很逼真地表现出来，令人仿佛真的是看见俩人在黑灯瞎火中相互搏斗。其次，演员们高超的武打动作表演吸引了广大观众。因为是摸黑搏斗，看不见对方，所以有时是无的放矢，有时是险象环生，刀锋从头顶、鼻尖削过，仅差毫厘，而能确保有惊无险，给了观众极大的审美满足。最后，刘利华作为武丑，在表演时大量采用“毯子功”“矮子功”。在角色安排上，他与任堂惠一丑一俊，性格对比鲜明，在对打中，刘利华常常碰壁出丑、狼狈不堪，而任堂惠始终正气凛然、镇定自若。所以，这样的武打场面就不是纯技术展示，而是有声有色、有血有肉，打出了人物性格，打出了机趣，使观众能够以一种极为松弛的心态去观赏一场极其惊险的搏斗，从而得到高度的审美满足。

认真阅读以上材料，完成题目。

1. 获取信息：阅读材料一、材料二，说说材料中提到了哪两部传统剧目，它们分别用到了“京剧四功”中的哪一类表现手段。

____

____

2. 比较鉴赏：阅读两个材料，说说两段文字中提到的关于戏曲的两类表现手段有什么不同之处，有什么相同的美。

____

____

★阅读推荐★

《太好玩了，京剧！》（张大夏 / 著、绘 ）

《戏曲进校园》（郑传寅、黄蓓 / 编著）

【项目作业二】表达与交流

1. 根据自己的喜好选择观看《拾玉镯》或《三岔口》，并将故事内容绘声绘色地复述给小伙伴或父母听。

____

____

2. 在观看的剧目中，主人公的什么举动特别精彩？请你加入连续动词，把它具体地写下来。

____

____

【项目作业三】梳理与探究

1. 以下是几种“做功”的动作程式，仔细看图，猜猜这是什么动作，将图片与动作名称连起来。

髯口功

卧鱼

起霸

水袖功

2. 选择《拾玉镯》，模仿戏中孙玉娇的动作；或和小伙伴模仿《三岔口》中两位主人公摸黑打斗的动作，表演给父母看，看看父母能否猜出你表演的是什么。想象一下可能还会出现什么情况。运用戏剧动作虚拟的特点进行表演。

知识补给站

1. 戏曲四功五法：

四功——唱、念、做、打；

五法——手、眼、身、法、步。

2. 京剧中的“做”：“做”是京剧主要表现手段之一，是指表演技巧，是一种舞蹈化的形体动作。

3. 京剧中的“打”：“打”是京剧主要表演手段之一，是传统武术的舞蹈化，也是生活中格斗场面的高度艺术提炼。演员通过规范化的武功表现人物和剧情，显示人物的精神面貌和神情气势。

“戏”言春秋

“演悲欢离合，当代岂无前代事；观抑扬褒贬，座中常有剧中人。”戏曲不仅唱尽人生百态，更能笔墨春秋，书写家国天下。歌咏太平盛世，繁花似锦；悲叹山河破碎，国仇家恨；唱出救国之声，抒写救国之志。让我们走进戏曲唱词，感受词曲背后的爱国情怀。

活动过程

活动项目：观看京剧《将相和》片段，品味戏剧唱词

活动场所：图书馆、剧院

活动时长：30 分钟

活动流程：

观看京剧《将相和》，学唱戏词，感受戏词传递出的爱国情怀。

查阅资料，了解京剧《将相和》的故事背景及人物原型。

绘声绘色地讲述“将相和”的故事，传承文化。

学习目标：

1. 能利用多种渠道获取资料，了解戏曲《将相和》的故事内容及创作背景。

2. 从戏曲文本唱词中体会中华文化的精神内涵，感受戏曲艺术的美。

学习项目：

【项目作业一】阅读与鉴赏

材料一：

蔺相如：（白）请问大夫，那虎狼之秦可有吞并我赵国之意？

虞卿：（白）本有此意。

蔺相如：（白）他为何不兴兵前来？

虞卿：（白）只因我赵国有人。

蔺相如：（白）人是哪个？

虞卿：（白）丞相与老将军。

蔺相如：（白）是啊！我二人一日在朝，那秦王就不敢公然进犯，我二人倘若失和，秦邦乘机而至，赵国的宗庙社稷，岂不是旦夕不保；我把国事看重，私见不去计较，情愿让廉颇，不愿亡赵国！

……

廉颇：（二黄散板）好一似刀割肉箭刺胸膛。

（白）且住！听虞大夫一番言论，我是如梦方醒。将相不和，乃国家之害，倘被秦邦闻之，乘机进犯，这赵国的宗庙何在？社稷何存？廉颇呀！廉颇！你身为上将军，不以国事为重，只念私见小忿，这误国殃民之罪，尽在你一人的身上！你问心何安？于心何忍？哎呀这……这……唉！

……

廉颇：（白）……待俺身背荆杖，亲到相府赔罪便了。

（二黄散板）我心中愧对蔺丞相，

赔礼认罪走一场。

（注：以上选段出自京剧《将相和》。此剧为翁偶虹、王颉竹根据京剧旧本《完璧归赵》《渑池会》和《负荆请罪》等改编。）

材料二：

……相如曰："夫以秦王之威，而相如廷叱之，辱其群臣，相如虽驽，独畏廉将军哉？顾吾念之，强秦之所以不敢加兵于赵者，徒以吾两人在也。今两虎共斗，其势不俱生。吾所以为此者，以先国家之急而后私仇也。"廉颇闻之，肉袒负荆，因宾客至蔺相如门谢罪。

——节选自《史记·廉颇蔺相如列传》

1. 形成解释：阅读以上两个材料，借助材料一，尝试解释材料二的内容。

____

____

2. 评价鉴赏：阅读材料一，谈谈你认为作者想要通过这段唱词表达什么样的思想感情。（至少写两点）

____

____

3. 比较分析：对比两个材料，哪一个材料更好理解？为什么会造成这样的差异？借助资料，尝试解释原因。

____

____

★阅读推荐★

《戏曲进校园》（郑传寅、黄蓓 / 编著）

《中国戏曲连环画》（［明］汤显祖等 / 原著　良士等 / 改编　赵宏本等 / 绘画）

【项目作业二】表达与交流

1. 欣赏京剧《将相和》中“负荆请罪”片段或阅读该片段的唱词，试着以廉颇或蔺相如的口吻讲一讲“负荆请罪”的故事。（要注意角色的身份，注意说话的语气以及动作的表现）

2. 欣赏京剧《将相和》中“负荆请罪”的片段，结合你对故事的了解，想象在这一场景中，廉颇和蔺相如分别有怎样的表现，请你用自己的语言将这一场景描述出来。（注意对人物语言、动作、神态的刻画）

____

____

【项目作业三】梳理与探究

1. 还有许多取材历史故事、表达爱国之情的戏曲作品，请搜集整理，再列出几个。

____

____

2. 将京剧《将相和》中“负荆请罪”的故事情节绘制成连环画。

知识补给站

1. 京剧较擅长表现历史题材的政治和军事斗争，故事大多取自历史故事和小说话本。

2. 京剧《将相和》为翁偶虹、王颉竹根据京剧旧本《完璧归赵》《渑池会》和《负荆请罪》等改编的。对廉颇、蔺相如故事的思想意义有所提高，围绕廉颇与蔺相如的冲突，通过几个主要情节，表现了团结御敌的主题。

“乡土”戏剧

它是中国五大戏曲剧种之一，起源于小小县城黄梅县，却在安徽省得到了极大的发展。它淳朴而感人，让人听完就忍不住哼唱几句，沉入其中而难以自拔。它，就是黄梅戏！让我们在黄梅戏经典剧目中，感受其雅俗共赏的独特魅力。

活动过程

活动项目：观看黄梅戏经典剧目，感受其雅俗共赏的独特魅力

活动场所：家中或戏院

活动时长：30 分钟

活动流程：

读一读黄梅戏演绎的经典传说故事《女驸马》《天仙配》《玉堂春》等。

欣赏黄梅戏中的经典选段，感受黄梅戏在唱腔、表演等方面的艺术特色。

和家人挑一个选段，学着唱一唱，演一演，举办一次家庭小剧场。

学习过程

学习目标：

通过查阅资料，观摩黄梅戏经典剧目，感受其雅俗共赏的艺术魅力。

学习项目：

【项目作业一】阅读与鉴赏

雅俗共赏的黄梅戏

说起黄梅戏，在人们的脑海中，自然而然地会闪现出舞台上演员清新俊雅的扮相，耳边也似乎立刻响起“树上的鸟儿成双对”等脍炙人口的唱词和优美动听的旋律。

其实，与昆曲、京剧等老牌的全国性大剧种相比，黄梅戏的发展历史短暂，但却与京剧、评剧、豫剧、越剧并称为中国“五大戏曲剧种”。

历史短、家底薄的黄梅戏何以在众多古老和新兴剧种中脱颖而出？它的成功在于其立足于自身的艺术特质，汲取其他传统戏曲的养分，扬长避短，形成了通俗易懂、清新脱俗、雅俗共赏的艺术风格，从而异军突起，风靡大江南北。

黄梅戏的雅俗共赏，首先表现为唱词的通俗易懂。黄梅戏从民间小调发展而来，不仅追求动听，而且唱词清新自然。无论是《天仙配》中的“树上的鸟儿成双对”，还是《女驸马》中的《谁料皇榜中状元》的唱词；无论是《红楼梦》“哭灵”中的“大雪严寒棺内冷，哥哥无计与你把体温”，还是《徽州女人》“盼”中“盼夫还，夫不还”，都是黄梅戏运用浅白如话的唱词将特定情境下人物的内心世界与情感充分表达出来的典型范例。

《女驸马》中的《谁料皇榜中状元》的唱词，最受人们的青睐：

为救李郎离家园，谁料皇榜中状元。

中状元，着红袍，帽插宫花好哇，好新鲜哪！

我也曾赴过琼林宴，我也曾打马御街前。

人人夸我潘安貌，原来纱帽罩哇罩婵娟。

我考状元不为把名显，我考状元不为做高官。

为了多情李公子，夫妻恩爱花好月儿圆哪。

手提羊毫喜洋洋，修本告假回故乡。

监牢救出李公子，我送他一个状元郎。

仔细琢磨这一唱段，你就会发现它内涵丰富，极富表现力，在渲染戏剧情境、表现矛盾冲突、突出人物情绪上恰到好处。“我也曾赴过琼林宴，我也曾打马御街前”，则展现了女主人公喜悦的心情。中间出现了一些较特殊的唱词用法，即根据调式变化而加的衬词、垫词，如“好哇，好新鲜哪”之类。这种衬词、垫词乍看不起眼，但将它们去掉，只唱实词就会索然无味。衬词和垫词是民歌韵味的体现，其精妙之处在于它使音乐更符合大众口味，更易于在普通民众中传唱。

其次，黄梅戏非常注重唱腔悦耳动听的审美效果。黄梅戏演员在舞台上演唱时，力求清楚、准确、深刻地传达出唱词所承载的叙事抒情的内涵与功能。例如，黄梅戏表演艺术大师严凤英在《女驸马》中扮演的女主角，需要演唱近一个小时。每次演完，严凤英总要询问后排观众是否听得清。黄梅戏表演艺术家们创造每一个人物角色时，都会设身处地地体验人物身份、思想感情与内心状态，然后选择合适的唱腔并精心安排旋律、腔音、板式、音色、发声位置等。

再次，黄梅戏在舞蹈表演艺术上也另辟蹊径。戏曲无声不歌、无动不舞。黄梅戏表演艺术家在向京剧、昆剧学习的基础上，立足于本剧种的艺术特质，摸索出了一套以角色人物的表演刻画为中心，带有活泼明丽、清新脱俗特点的表演程式，塑造了大量个性鲜活的人物角色。

在《女驸马》这一传统剧目中，艺术大家严凤英的表演可以说是最有代表性的，她惟妙惟肖的表演，将“唱、念、做、柔、嗲、俏”发挥得淋漓尽致。《谁料皇榜中状元》这段堪称整段表演中最为精彩的部分。严凤英通过优美的唱词、形象的表演，把为救意中人女扮男装参加科举考试，意外考中状元的冯素珍给演活了。她运用整帽、甩袖、小生方步等表演形式，将一个温文尔雅、极富魅力的新科状元展现在我们面前；同时又用间或踏出的旦脚碎步、转动的明眸、莞尔的笑容，呈现出一个明艳活泼的女子形象。在唱“帽插宫花”一句时，她抖动水袖，又做整冠状，同时眼睛又向上方左右一扬，将水袖、步伐、身段等都生动自然地与唱词、唱腔完美融合，表现了主人公女扮男装的特点，充满了艺术性。

黄梅戏表演艺术家们在艺术实践探索中，追求雅俗共赏的艺术特色，创作了浅白如话、利于传唱的唱词，追求通俗易懂、好听易学的演唱艺术，借助精湛的舞蹈表演塑造鲜活的人物形象，使得黄梅戏成为大众看得懂、喜欢看的戏曲艺术。这也是其能异军突起、风靡大江南北的重要原因。

1. 理解总结：阅读材料，思考黄梅戏作为新兴的剧种，其鲜明的特征是什么。请详细梳理出黄梅戏从众多古老和新兴剧种中脱颖而出，广受人们青睐的原因。

____

____

2. 评价鉴赏：仔细品味《女驸马》中的《谁料皇榜中状元》的唱词，从唱词中，你可以看出主人公冯素珍是一个怎样的人？

____

____

3. 创意运用：有人说：黄梅戏较之博大精深的国粹京剧，历史悠久、典雅高贵的昆剧，非常“乡土”。你同意这样的观点吗？请说说自己的理由。

____

____

★阅读推荐★

黄梅戏《天仙配》《女驸马》

《在人间》（刘诗雨 / 编　张文楚 / 绘）

【项目作业二】表达与交流

1. 观看黄梅戏《女驸马》片段《状元府》《洞房》《金殿》，如果感兴趣，可以利用周末观赏整部《女驸马》。和小伙伴或家人说说自己最喜欢的人物，结合故事情节把喜欢这个人物的理由讲清楚，说具体。

2. 向朋友推荐黄梅戏《女驸马》，写清楚推荐理由。

____

____

【项目作业三】梳理与探究

1. 全家总动员，选择《女驸马》中你感兴趣的一个片段，揣摩人物的特点，学着唱一唱，演一演。

2. 传统戏剧中，有不少女扮男装的经典剧目，请你搜集相关资料，了解她们的故事，尝试将她们的故事讲给低年级的弟弟妹妹听。

知识补给站

1. 黄梅戏妆容重眉眼。不同于京剧中浓墨描抹的眼廓、华丽的假面，黄梅戏戏妆讲究晕染、神韵，类似于古代仕女的淡妆，真实质朴。小生眉眼上扬，眉峰微聚，风神俊秀，清俊佳绝；花旦眉目含情，顾盼之间，自然一段潋滟风流。不同于其他剧类力求色彩艳丽旖旎，黄梅戏更像氤氲山岚，缭绕缠绵、缱绻万千，于清秀淡雅中慢慢渗透出万紫千红。

2.《女驸马》的语言及唱词吸取了古诗、古词、民间口语、民间谚语、民歌的所长，具有语近情遥、明白如话的特点，使音乐更符合大众口味，更易于在劳动人民中传唱。它的语言与它依赖的音乐相辅相成，最终形成了内在旋律美。

参考答案

镂空的艺术

【项目作业一】阅读与鉴赏

1.“鹿鹤同春”又名“六合同春”。“六合”是指天地四方，六合同春便是天下皆春，万物欣欣向荣。民间运用谐音的手法，以“鹿”取“陆”之音，“鹤”取“合”之音。“春”的寓意则取花卉、松树、椿树等。这些形象组合起来构成“六合同春”吉祥图案。另外，鹤象征长寿，鹿象征幸福，人们用此来表达对幸福生活的向往。

表现吉祥寓意的剪纸纹样还有“连年有余”“喜上眉梢”等。

2.图1：在设计邮票时把剪纸艺术和生肖文化结合在一起，丰富了邮票设计的内容，也可以宣传剪纸这种民间艺术。

图2：在设计服饰时运用剪纸艺术制作底样，让服装的色彩、形式更加丰富。

3.剪纸艺术还可以运用于服饰、装潢、建筑、节目表演、装饰品制作等。

【项目作业二】表达与交流

1.北方剪纸浑厚、粗犷、天真、质朴，民俗气息浓郁，率性简洁。南方剪纸灵秀、秀美、严谨、纤细，讲究线条，构图复杂。

2.剪纸步骤：（1）将方形的纸张对折两次；（2）将已折成条状的纸按长边横向对折后打开，再将一头按三等分折叠，另一头按二等分对折，再将按三等分折叠的一端如图所示剪去一角；（3）在右半部分折剪出“口”和“田”；（4）最后打开折剪左边的示字旁。

【项目作业三】梳理与探究

1.分别送给医护人员、新婚夫妇、百岁老人、亲戚朋友。

2.发现：①相同的剪纸图案可以用不同的剪裁方法剪裁，并呈现不同的形态。②剪纸作品的剪裁方法、形式丰富多样。

毫厘之间的绝技

【项目作业一】阅读与鉴赏

1.答案略。

2.所用材料体积小，所刻事物繁多，所刻事物情态毕备。

3.奖牌、纪念币上的图案、印章等。

【项目作业二】表达与交流

1.材料是微雕的基础。例如，橄榄核比较适合雕成“船”的形状。再如材料的软硬不同，使用的雕刻工具不同。除此之外，还要关注色彩。

2.示例：微雕技术应用于贵金属。从艺术角度看，金簪子小而精致，把亭台楼阁巧妙融入簪子中，展现了微雕作品的精微之美。从功用角度看，精巧的簪子既可以置于梳妆盒里收藏保值，又可以佩戴于发间。

【项目作业三】梳理与探究

1.示例：我赞同“微雕是以刀代笔，集书、画、雕三妙，不可笔笔窥见的超视觉艺术”。首先，微雕工艺在微，更在于精，细微处见雕刻功力，同时只有精通书法和国画，雕刻时才能进行“意雕”“意刻”。其次，微雕不在于显摆，而在于专注，它需要匠人极具耐心，毫厘千钧，一气呵成。最后，微雕技艺在生活的方方面面都有实际价值，如首饰的纹样、微雕木刻画摆件等。

2.海报示例。

方寸间的创意

【项目作业一】阅读与鉴赏

1.共同点：都有奥运五环、举办年份和举办地点，标志设计思路都结合了本国特色。不同点：悉尼奥运会会徽体现了环保的概念，将土著人形象化，也将悉尼歌剧院融入了进去，做到土著和现代结合。北京奥运会会徽采用了印章，彰显了历史文明古国的底蕴和气概。中间奔跑的人既是小篆的“京”，也象征着中国人民热爱体育以及热情的性格。

2.答案略。

3.自行车；篮球；击剑；摔跤。

怀袖的雅物

【项目作业一】阅读与鉴赏

1.图1是合欢扇，图2是羽扇。图1中的扇子是圆形的，以扇柄为中轴，看起来左右对称，联想到班婕妤的诗句“裁为合欢扇，团团似明月”，我辨别出图1是合欢扇。联系影视作品中诸葛亮用的扇子，我辨别出图2是羽扇。

2.班婕妤在这首诗中以扇自喻，象征君王对自己日久生厌，最终像扇子一样被“弃捐”。因此，合欢扇这一形制的扇被赋予了遭受遗弃的宫怨这样的内涵。

3.①形制的区别：蒲扇是用蒲葵这种植物制成的，常见的为圆形；折扇一般是用竹木做扇骨，纸做扇面，扇面可以完全展开，左右两侧夹板合拢成扇柄。②使用对象的区别：蒲扇一般是老太太、老爷爷使用；折扇多被古代文人使用或当作礼品赠送友人。

【项目作业二】表达与交流

1.图5为仪仗扇，一般是古代帝王使用；图6为宫扇，又称团扇，以前多为王公贵族所用；图7为舞台扇，多为现代舞者舞台表演时使用；图8为芭蕉扇，在文学作品《西游记》中为铁扇公主所有。

2.以团扇为例。（仅供参考）

我的问题：团扇上的绘画有什么特点呢?

研究结论：宋代团扇上的绘画布局优美，构图方式多样；画面上的山水花鸟看起来栩栩如生、分外灵动；立意也很独特，图文中表达出了自己的情感。

【项目作业三】梳理与探究

1.上海世博文化公园和北京奥林匹克中心区的国家体育馆都采用了扇形外观。这样的设计彰显了中国文化的深厚内涵，体现了传统美学和当代建筑风格的完美融合。

2.答案略。

“不刚不柔”的竹编

【项目作业一】阅读与鉴赏

1.从材料一的文字介绍可知，竹编制品不仅质量轻、坚固、韧性好，而且很实用。除此之外，竹编制品样式精巧，具有极大的艺术观赏价值。

2.

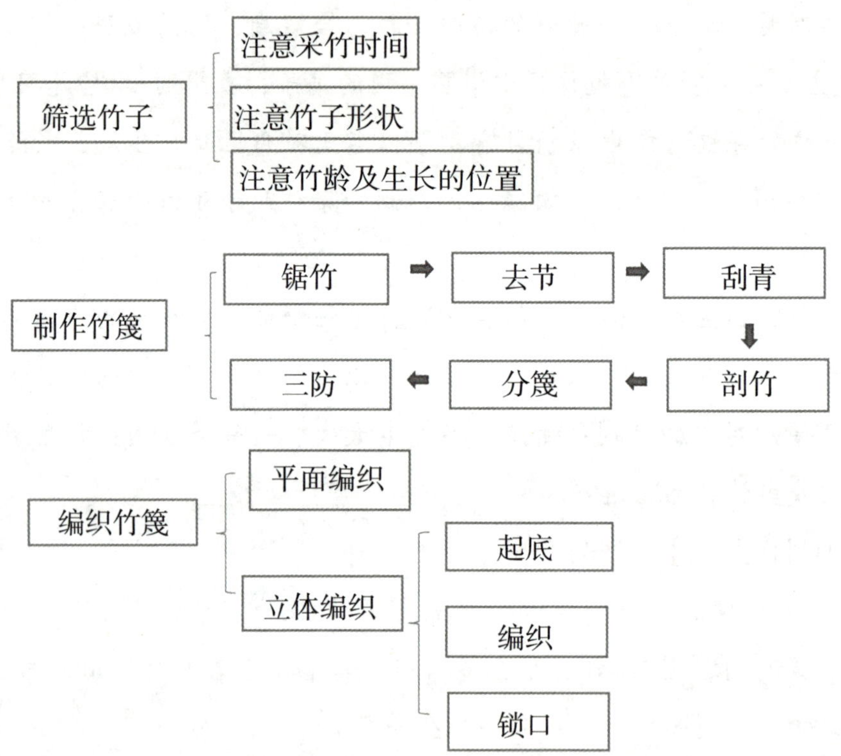

【项目作业二】表达与交流

1.

现状	传统竹编产品制作耗时耗力，普遍存在更新换代速度慢、制作周期长等问题。因此，逐渐被更方便快捷的塑料制品取代。
我的建议	①在现代家居产品中融入竹编元素。 ②尝试简化竹编流程。

2.①造型美：竹编的造型众多，有八角形、瓜形，有石榴式、桃式、银锭式、朵花式、筒式等。②技法美：竹编的编织技法有很多，或宽或窄，或疏或密，别致精巧。③色泽美：竹编器物色泽素雅。

陈情于边塞

【项目作业一】阅读与鉴赏

1.《琵琶女》中的琵琶这一意象代表知音，本文表达了琵琶女觅得知音后的欣喜之情。在生活中，我也“以琴会友”，和朋友一起弹奏钢琴，别提有多快活了！

2.《凉州词》中急促的琵琶声体现的是作者因战事紧急产生的欲征战沙场、报效祖国的豪情壮志；《从军行》中的琵琶声表达了将士的离愁别怨，也突出了戍边将士奋勇杀敌的壮志豪情。

【项目作业二】表达与交流

1.①造型上，木制琵琶线条更柔和、流畅，色彩深浅搭配更协调，看起来很典雅；水晶琵琶右下侧有一个插口，通体透明。②材质上，传统琵琶采用木制，而水晶琵琶采用透明的水晶材质。

2.想象的画面：楚汉两军对峙。本处于劣势的汉军，由于韩信增援，大破楚军，战场上尸横遍野、血流成河。《十面埋伏》这首曲子大部分节奏快、力度强，一个音接着一个音蹦出来，让我感受到双方对峙时的剑拔弩张和战斗的惨烈。旋律背后蕴含了一种悲壮的情感。

【项目作业三】梳理与探究

1.答案见“知识补给站”第1条。

2.还对戏曲、绘画等艺术产生了影响，比如，戏曲艺术中的“南戏之祖”《琵琶记》，敦煌壁画中的“反弹琵琶”。

唢呐声声思传承

【项目作业一】阅读与鉴赏

1.唢呐总共经历了三个发展阶段，第一阶段是传承方法的转变；第二阶段改变唢呐原始的创作风格；第三阶段在传统的唢呐演奏中加入了其他乐器，使唢呐演奏多样化。我的感受是唢呐发展变化，也可以看出人们的思想在不断进步。

2.唢呐是民乐里很典型的一种乐器，很多地区的唢呐都有各自的特色。随着时代的变迁，人们办红白喜事时不再用唢呐，更多地使用西方乐器。作为中华民族的一员，我们应该继续使用唢呐，把中华民族的优秀文化传承下去。

【项目作业二】表达与交流

1.天刚刚亮，一声鸟叫划破了寂静。不一会儿，又来了很多鸟，树林中逐渐热闹起来。这时，出现了一只凤凰，她好像一位气质高雅的女皇，站立于树林间。小鸟和动物们看到她异常兴奋，都围了过来。一时间，鸟儿唱歌，动物跳舞，树林里充满了欢声笑语。慢慢地，鸟叫声淡了，凤凰也飞走了，树林里又归于一片宁静。

2.示例：（1）我选择应用场合来介绍唢呐。

（2）民间的婚礼少不了唢呐的欢快伴奏，农村的女人们几乎都是在唢呐声中出嫁的。百年后，又是唢呐声把她们送回土地中。唢呐，给一个小小的山村带来喜庆与欢乐；唢呐，又把山村里的凄婉伤痛缓缓倾诉出来。

最古老的汉族乐器

【项目作业一】阅读与鉴赏

1.（1）梆笛吹出的曲子刚健豪放、活泼轻快，具有强烈的北方色彩；曲笛吹出的音色悠扬委婉，具有浓厚的江南韵味。（2）梆笛一般用于北方吹歌会、评剧等的伴奏，也可以用来独奏；曲笛多用于南方昆曲。

2.笛子制作材料不断更新，主要原因是现代人可运用的材料增多，制作工艺也在不断提高。

【项目作业二】表达与交流

1.示例：介绍笛子的起源。

笛子历史悠久，又可以称为竹笛、横笛，最早可以上溯到新石器时代的骨笛，距离今天已经有8000余年。汉代以前，竹笛多为竖吹，后逐渐变为横吹。它流传地域很广，最普遍的是梆笛和曲笛。

2.示例：清晨，一轮红日从东方冉冉升起。苗岭的早晨空气格外清新。林中的鸟儿也醒了，它们尽情地歌唱着。苗岭的早晨真美啊！

【项目作业三】梳理与探究

1.我的猜测：借笛子表达风雅。

我查的资料：《乐记》强调“礼、乐、刑、政，其极一也，所以同民心而出治道也”。笛子在宫廷雅乐中具有特殊的地位，所以古人也借笛子表达风雅。

2.答案略。

蝴蝶琴

【项目作业一】阅读与鉴赏

1.扬琴由外国传入中国。起初人们称其为“洋琴”，后因琴箱形状像蝴蝶，又称其为“蝴蝶琴”。在演奏扬琴时，琴置于架上，演奏者左右手各执一琴竹，分别敲击两侧的琴弦，演奏技巧非常灵活多样，通常用于表现轻快、活泼的曲调。

2.①不同之处：扬琴的外形像蝴蝶，古筝的形状像长方形的面板；扬琴是用琴竹打击的，而古筝是用手弹奏的。②相同的美：两者都采用了木制设计，并融入了中国传统花纹。

【项目作业二】表达与交流

1.听着扬琴曲《流水欢歌》，我仿佛看到河南红旗渠张灯结彩，百花争艳，到处都是绿树青山，我仿佛还听到了欢快的流水声。

2.答案略。

绕梁的余音

【项目作业一】阅读与鉴赏

1.指的是伯牙和子期。后世将至交好友称为知音，流传有很多有关知音的诗词作品，如孟浩然的《示孟郊》、王安石的《伯牙》等。

2.我仿佛听到在幽静的山林里，有水在静静流淌着，流到地势落差较大的地方时，水一下子变大了，仿佛瀑布倾泻而下。最后，水又汇聚在一起，缓缓地流动着。

3.①练习古琴需要做更多的准备工作，如洗手、焚香等，现代人工作忙碌，没有那么多的时间。②古琴对演奏者的要求更高。

【项目作业二】表达与交流

1.

作品形式	感受
古琴曲	清幽、意境高远
西洋乐器	更立体、雄浑

2.示例：我和我的好朋友也会互赠礼物来表示友谊深厚。她是个资深的手账爱好者，每天跟我聊天的内容都离不开手账本，如手账胶带、装饰画等。于是，我用手账本记录我和她之间发生的点点滴滴，并在她生日那天送给了她。

“扁平”的艺术

【项目作业一】阅读与鉴赏

1.材料一是隶书，材料二是楷书。隶书字整体扁平，横画长直画短，楷书字整体方正，笔画平直；隶书的横画有“蚕头燕尾”“一波三折”，楷书的横画平直；隶书的竖钩写得较长平，转而无挑，楷书的竖钩出钩明显，收笔尖利。

2.①隶书书写耗时，书写效率低。②隶书笔画复杂，书写偏慢。

3.答案略。

【项目作业二】表达与交流

1.笔画上不同：隶书“有”的横画一波三折，有“蚕头燕尾”，楷书“有”的横画平直，头方斜尾圆，中段略细；隶书“有”的撇画收笔圆润，微微上翘，楷书“有”的撇画收笔锋利；隶书的“有”横折钩，分两笔写成，钩省略，楷书的“有”横折钩，折处有顿笔，钩短且锋利。

结构上不同：隶书“有”字形扁阔，左舒右展，字形灵动；楷书“有”字形方正。

2.①字的形态：结体扁平，极其舒展，笔画秀美精致，生动灵活，神韵飘逸。②字的结构：字上紧下松，亭亭玉立，犹如仙女下凡，翩翩起舞，飘然欲飞。③字间布局：字高低穿插，宽窄穿插，顾盼得体，静中有动。

【项目作业三】梳理与探究

1.可以查《隶书字典》，用硬笔完成临摹。

2.

甲骨文 → 金文 → 小篆 → 隶书 → 楷书 → 行书 → 草书

汉字之“楷”模

【项目作业一】阅读与鉴赏

1.《九成宫醴泉铭》所呈现的字体是楷书。楷书字形端正，横平竖直。

2.在课本中、电视里、街道上随处可见楷书。因为楷书字形端正、规范、美观，容易辨识，所以在我们的生活中被广泛运用。

3.《九成宫醴泉铭》用笔方正，笔力刚劲。字形竖长，各部分之间穿插巧妙，结构严谨。整体上显得既平正端庄，又险劲生动。

【项目作业二】表达与交流

《九成宫醴泉铭》结体修长，中宫收紧，用笔方正，笔力刚劲。

《多宝塔碑》用笔丰厚遒美，腴润沉稳，横细竖粗，对比强烈。

《玄秘塔碑》结体紧密，笔法锐利，筋骨外露，阳刚十足，字迹如刀刻一般，且笔画粗细变化多端。

《玄妙观重修三门记》字体秀丽典雅，笔画圆润，结构端正谨严、稳健，行笔流利、娟秀。

【项目作业三】梳理与探究

1.答案略。

2.仅供参考：

姓名	代表作	作品风格
虞世南	《孔子庙堂碑》	用笔遒美圆劲，沉着稳健； 结体宽绰疏朗，端庄洒落。
褚遂良	《雁塔圣教序》	字里金生，行间玉润， 法则温雅，美丽多方。
钟繇	《宣示表》	笔法质朴浑厚，雍容自然。

千古流“行”

【项目作业一】阅读与鉴赏

1.（1）材料一是行书，材料二是楷书。（2）根据是：材料一中的笔画灵活多变，笔画前后的勾连和牵丝比较多，且个别字也进行了简化，而材料二则是一笔一画地写，每一笔都整齐美观有序。

2.（1）行书书写自由活泼，美观而灵动。（2）行书对笔画进行了简化，书写起来便捷快速。（3）行书飘逸秀美，也可以提高我们的审美情操。

3.通过欣赏这份《兰亭序》，可以初步感知行书的特点。行书是在楷书的基础上变化而来的，笔画上仍保留了较多楷书的特点。同时，行书笔画之间的勾连和牵丝，也在竖排书写中有了很好的体现，笔断意连，每一个字都像是具有生命力一般，十分优美，且每一竖排错落有致，别有一番美感。

【项目作业二】表达与交流

1.通过观察以上“之”字的写法，我发现同一个字在一份作品里，哪怕运笔的节奏相同，但是展示出来的形态、笔画的粗细、轻重力度都是不同的；再把字放回到整幅作品中，就会有更大的发现——是根据“之”字前后字的节奏和笔画所做出的变化，匠心独具，拥有极高的欣赏性和灵活性。

2.《兰亭序》是王羲之与知己好友开怀畅饮后即兴所作，起初字迹较为工整，但愈到后面，就会发现字的大小不一、竖排时出现的“歪斜”以及错别字，其实都是一种十分“真实”的表现，明显是“酒后所作”。神龙本《兰亭序》是所有摹本中最能体现王羲之书法形貌与精神的。而赵孟頫所临摹的版本，则多了几分严肃，排列有序，结字基本相同，笔意跟原帖也有很多相似之处，看起来会更为工整，各有千秋，相得益彰。

【项目作业三】梳理与探究

1.可以查《行书字典》，并用硬笔完成临摹。

2.行书是介于楷书和草书之间的一种书体，萌发于两汉，于魏晋南北朝基本成形。

东晋王羲之以及其子王献之，合称“二王”，王羲之为“书圣”，代表作是《兰亭集序》，被称为“天下第一行书”，到了唐代，行书又有了新发展，其杰出代表是颜真卿，其《祭侄文稿》，被称为“天下第二行书”。宋代行书崇尚意趣，开创了新风格，“宋四大家”之首的苏轼所写的《黄州寒食诗帖》被后世誉为“天下第三行书”……

多姿的线条

【项目作业一】阅读与鉴赏

1.《峄山刻石》所呈现的字体是篆书。篆书的特点是横平竖直，笔画圆润均匀，转折处呈圆弧形，整体庄严肃穆、古朴自然。

2.《峄山刻石》主要赞扬了秦始皇统一六国，建立中央集权制封建国家的丰功伟绩。

3.篆书“皇”字是左右对称的，整个字就像一个燃着火焰的火炬。

【项目作业二】表达与交流

“水”字是象形字。篆书“水”字就像蜿蜒流动的河水。楷书“水”字与篆书“水”字在形体上有相似之处。可见，楷书“水”字由篆书“水”字演化而来。

【项目作业三】梳理与探究

1.可以通过《篆书字典》查找这三个字的篆书写法，再把这三个篆体字组成一幅篆书字画。你还可以为这幅画添加一些修饰。

2.我国最古老的文字是甲骨文。那些刻在龟甲或兽骨上的文字被称为甲骨文。甲骨文在商代已经诞生。秦代使用的篆书由甲骨文演化而来。

心灵的画面

【项目作业一】阅读与鉴赏

图1	气势雄厚的“净”
图2	滑稽阴险的“丑”
图3	意气风发的“生”
图4	眉眼皆笑意的“旦”

【项目作业二】表达与交流

1.

人物：关羽

谱式类型：整脸

性格特点：忠义、勇敢、有血性

人物：曹操

谱式类型：整脸

性格特点：奸诈、狠毒

2.能说说自己家人的性格特点，根据性格特点选择脸谱颜色以及谱式，可以从以下几个方面介绍如何设计：

①脸的颜色；②脸上的线条；③特殊的图案。

【项目作业三】梳理与探究

1.图画清晰明了，能通过脸谱的颜色、线条及图画特征表现家人的特点。

2.可以设计书包、头盔、书签、便签贴、扇子、挂钩、充电器、积木等。

戏舞百态

【项目作业一】阅读与鉴赏

1.材料一提到了《拾玉镯》，用到了“做功”。

材料二提到了《三岔口》，用到了“打功”。

2.相同点：都体现了京剧艺术的虚拟性，手中、眼前无实物，却又能通过细腻的表演表现出来，展现了虚实结合的美。

不同点：

①“做功”是舞蹈化的形体动作，动作姿态优美；“打功”是动作幅度较大的武打动作。

②“做功”是一个人表演自己的动作；“打功”一般是两人或两人以上的相互间的打斗。

③“做功”可以借助小道具，也可不用任何道具，依靠手部动作、眼神、身段、步法等表演；“打功”除了翻、滚、腾、跃等动作外，多数情况下，会借助刀、枪等工具。

【项目作业二】表达与交流

1.答案略。

2.示例一：孙玉娇将椅子搬到门口，拿出书本，一页页地翻开书页，从书中找出了需要的线团，抽出线来将线拉直，然后将不需要用的线团放回书中收好。接着她从头上取出针，将针别在衣襟上。继而轻捻线头，咬去不整齐的线头，又将口中的线头吐出。准备穿针了，她到头上去找针，却找不到，突然想起针已经别在衣襟上了，于是从衣襟上取下针来，穿针引线。穿好了针，她用嘴咬住线的一头，用手将另一头的两根线头搓紧，反复几次，终于将线搓好，抖一抖，把线拉直，开始做针线活。

示例二：刘利华在黑暗中摸索到门，将刀插进门缝，一点点拨开门闩，待门闩被拨开后，他轻轻推开了大门，潜进房间。他在黑暗中继续摸索，起身时，鼻子碰到了任堂惠的鞋底，才发现这里躺着一个人，准备举刀砍下时，撞到了任堂惠放在桌上的刀，于是将刀抽出，却惊醒了任堂惠。刘利华举着双刀在屋内挥舞，任堂惠也在室内摸索着，两人都在寻找着对方。突然，二人的手臂撞在了一起，惊得他们立刻跳开，刘利华转身用刀朝任堂惠砍去，任堂惠跳上桌子踢了刘利华一脚。二人在方寸的桌子上，于咫尺之处，终于发现了对方，于是二人在黑暗之中开始了打斗。刘利华挥舞双刀，任堂惠赤手空拳，二人打得难解难分。终于，任堂惠夺回了自己的刀。二人不断地在黑暗之中寻找对方，互相打斗，最终两人的刀全被打飞，他们两个就继续赤手空拳地打。两人全程不发一言，只通过动作与表情，让大家感受到了惊心动魄。

【项目作业三】梳理与探究

1.

2.答案略。

“戏”言春秋

【项目作业一】阅读与鉴赏

1.“秦王那样厉害，我都不怕他，难道我会害怕廉将军吗？我只是想着，秦国之所以不敢出兵攻打赵国，只是因为有我和廉将军两个人在。如今，我如果与廉将军互斗，势必不能共存。我之所以避让着廉将军，就是以国家利益为先，把个人私仇放在后面。”廉颇听说了蔺相如的这些话，（反思己过）脱掉外衣，背上荆条，来到蔺相如家赔礼道歉。

2.（1）蔺相如爱国，所做一切以国家利益为重；（2）蔺相如明大义、识大体；（3）廉颇知错就改、敢作敢当；（4）廉颇也爱国，顾全大局。

3.材料一更好理解。材料二的文字选自《史记》，成书时间距今两千多年，语言习惯与现在相差较大。材料一的文字是近现代的改编版，语言习惯等与现在相差不大。原因：戏曲要在人民群众间传播，因此用语通俗易懂。

【项目作业二】表达与交流

1.示例：蔺相如走出家门，只见廉颇身背荆条，面色凝重地站在门前。看到蔺相如出来，廉颇将长须一甩，双手抱拳，低下头，跪了下来。蔺相如一惊，赶忙上去，想要搀扶廉颇，但廉颇执意不起。蔺相如只好也单膝跪地，问道："老将军，您这是何意？"廉颇面带愧色，抱拳而拜，道："丞相啊！我廉颇心胸狭小、目光短浅，全不知丞相您的大义宽容、万事以国事为重。我愧悔难当，自觉没有面目再见您，只好身负荆条前来请罪。廉颇任打任罚，只愿您念在同朝为官的份上，能原谅我的过错。"廉颇语带哽咽地说完，又朝蔺相如拜了拜。蔺相如听完，跪行向前，伸手扶着廉颇，面带微笑，说道："老将军快快请起，何来请罪一说？我二人同朝为官，皆是忠心为赵国。将军光明磊落、性情豪爽、忠勇无双，我也是十分佩服的。况且人非圣贤，孰能无过。只要日后我们文武相和，以江山社稷为重，便不怕小人挑唆，不怕敌国相侵。"说着，将廉颇扶了起来。

2.答案略。

【项目作业三】梳理与探究

1.示例：京剧《穆桂英挂帅》《文天祥》《岳母刺字》、淮剧《八女投江》、闽剧《六离门》等。

2.答案略。

"乡土"戏剧

【项目作业一】阅读与鉴赏

1.特征是通俗易懂、清新脱俗、雅俗共赏。受青睐的原因是：黄梅戏立足于自身的艺术特质，汲取其他传统戏曲的养分，扬长避短。首先，它创作浅白如话、利于传唱的唱词；其次，它追求通俗易懂、好听易学的演唱艺术；最后，它借助精湛的舞蹈表演塑造鲜活的人物形象。

2.冯素珍是一个明艳活泼、勇敢聪慧的女子。

3.不同意。唱词看似比较土气，但其实内涵丰富，极富表现力，在渲染戏剧情境、表现矛盾冲突、突出人物情绪上恰到好处。而一些衬词、垫词，虽然显得土里土气，但趣味盎然。黄梅戏只是为了符合大众口味，达到雅俗共赏的艺术效果，并非“乡土”。

【项目作业二】表达与交流

1.答案略。

2.黄梅戏代表作《女驸马》的故事感很强，它是一部极富传奇色彩的古装戏，讲述了主人公冯素珍女扮男装冒名赶考、偶中状元误招东床驸马、洞房献智化险为夷等一系列近乎离奇的故事，非常好看！而且，戏里将水袖、步伐、身段等都生动自然地与唱词、唱腔完美融合，充满了艺术性，是一场视听盛宴。

【项目作业三】梳理与探究

1.答案略。

2.示例：《梁山伯与祝英台》《花木兰》。

跨学科语文创意作业5

主　　编：何　捷
副 主 编：谢晓丽
执行主编：陈粮宜　黄　莺
插画绘制：林　威

下册

山东城市出版传媒集团·济南出版社

图书在版编目（CIP）数据

跨学科语文创意作业 . 5 / 何捷主编 . -- 济南 : 济南出版社 , 2022.8

ISBN 978-7-5488-5180-6

Ⅰ . ①跨… Ⅱ . ①何… Ⅲ . ①小学语文课—教学参考资料 Ⅳ . ① G624.203

中国版本图书馆 CIP 数据核字（2022）第 136272 号

跨学科语文创意作业 5 下册　　何 捷 主编

出 版 人：田俊林
图书策划：李圣红　董慧慧
责任编辑：董慧慧　陶　静
特约校对：王旭平
封面设计：八　牛
插画绘制：林　威
版式设计：张　倩
内文排版：卢新宇
出版发行：济南出版社
地　　址：济南市二环南路 1 号
邮　　编：250002
印　　刷：济南新先锋彩印有限公司
成品尺寸：185mm × 260mm　16 开
印　　张：14.5
字　　数：215 千
版　　次：2022 年 8 月第 1 版
印　　次：2022 年 10 月第 1 次印刷
书　　号：ISBN978-7-5488-5180-6
定　　价：39.00 元（上下册）

目录

目录

奇妙的植物染

除了化学染料，你知道植物也能染色吗？植物染色指的是从植物中提取色素进行染色的一种工艺。植物染色积累了许多前人的经验和智慧，让我们一起去了解这种色彩的奥秘吧！

活动过程

活动项目：体验植物染

活动场所：公园、植物园

活动准备：一块白手帕、新鲜植物的花叶、盐水、鹅卵石

活动时长：30 分钟

活动流程：

收集、挑选色彩鲜艳的花草，放置在白手帕上。

用鹅卵石蘸盐水，沿花草边缘均匀地敲打，将汁液拓染在手帕上，晾干。

观察手帕上图案的色彩和花纹，与家人、朋友交流你的发现以及制作感受。

学习目标：

1. 能对植物染产生兴趣，欣赏植物染作品，感受其艺术美。

2. 能利用多种信息渠道获取资料，了解植物染的发展及其意义。

学习项目：

【项目作业一】阅读与鉴赏

贾母笑道："你能够活了多大，见过几样没处放的东西，就说嘴来了。那个软烟罗只有四样颜色：一样雨过天青，一样秋香色，一样松绿的，一样就是银红的。若是做了帐子，糊了窗屉，远远的看着，就似烟雾一样，所以叫作'软烟罗'。那银红的又叫作'霞影纱'。如今上用的府纱也没有这样软厚轻密的了。"

——《红楼梦》第四十回《史太君两宴大观园 金鸳鸯三宣牙牌令》

1. 比较分析：你能分辨出下图中哪幅是软烟罗吗？结合材料写一写你的理由。

图 1

图 2

2. 评价鉴赏：那个软烟罗只有四样颜色，一样雨过天青，一样秋香色，一样松绿的，一样就是银红的。你觉得软烟罗的颜色和我们平时说的红色、黄色、蓝色、绿色有什么不同？

★阅读推荐★

《扎染新世界》（朱辛伟 / 著）

【项目作业二】表达与交流

1. 仔细地观察“染”字，结合图片了解这个字的字源，和父母或小伙伴分享你的发现。

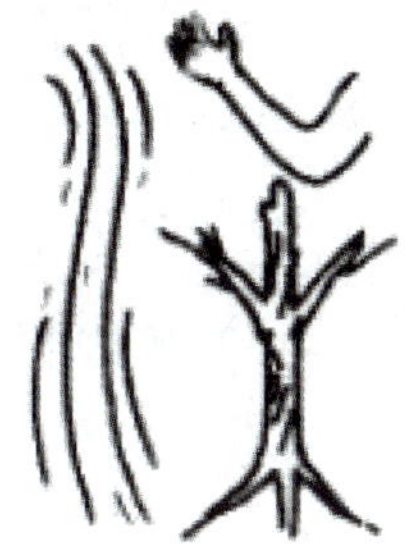

2. 化学合成染料如果处理不当，就会污染环境、危害健康等。相比化学染料，植物染讲究自然之美，请你为植物染设计一则宣传语，让更多人关注。

【项目作业三】梳理与探究

1. 蓝草是一种可以提取靛青的植物。它也曾多次出现在我国古代的诗文当中，快和你的小伙伴一起吟诵吧。

青，取之于蓝，而青于蓝；冰，水为之，而寒于水。

——［战国］荀子《劝学》

江南好，风景旧曾谙。日出江花红胜火，春来江水绿如蓝。能不忆江南？

——［唐］白居易《忆江南》

2. 植物染除了用在纺织行业外，还用于造纸行业。用植物给高档手工纸染色，如签名册、包装袋等，不仅亲和性好，还环保。为了传承植物染这门技艺，请你思考它还可以运用到哪些行业。快写一下吧！

____

____

知识补给站

1. 植物染的意义：永续利用自然资源，减少化学染料带来的污染；可以通过多次复染，得到更丰富的色彩层次；传承色彩文化，吸收前人的经验和智慧。

2. 可以做染料的植物：

黄色：栀子；红色：红花；蓝色：蓼蓝。

情系中国结

一根红绳，三缠两绕；声声祝福，内蕴其中。中国结不但造型丰富，而且内涵深刻。它是我国对外宣传的“文化大使”，是中华儿女心连心的象征，是古老中华文明的智慧结晶。在现代生活中，中国结也随处可见，是装饰、送礼的佳品。让我们一起去欣赏中国结的美吧！

活动过程

活动项目：欣赏并制作中国结中的万字结

活动场所：手工店、工艺美术馆、家中

活动时长：30 分钟

活动流程：

查找资料，认识编织中国结的材料与工具。

观察万字结的造型特点，猜测其寓意，与家人、朋友探讨交流。

观看中国结视频教程，尝试编织一个万字结。

学习目标：

1. 能对艺术产生兴趣，欣赏中国结的造型美。

2. 能利用多种信息渠道获取资料，体会中国结的文化内涵。

学习项目：

【项目作业一】阅读与鉴赏

材料一：

中国结是一种古老的编织艺术，一根根五彩的线通过缠、绕、编、结、抽、穿等多种工艺，按照一定章法，循环有序、连绵不断地编织成各种漂亮的造型。中国结依照不同的编织工艺，分为很多种类：盘长结是许多变化结的主结，具有紧密对称的特性，象征回环贯彻；双钱结是两个古铜钱状造型相连，象征“好事成双”；团锦结形状圆满，类似花朵，结体小且不易松散，常镶嵌珠石；琵琶结常常用作旗袍的纽扣。

图 1

图 2

材料二：

图 3　中国联通标志　　　　图 4　北京“申奥”的标志

1. 对比分析：请阅读材料一，思考图 1 和图 2 分别是什么类型的中国结。再说一说你是如何辨别的。

____

____

2. 评价鉴赏：材料二中的两个标志不约而同地运用了中国结的造型，请你选择一个标志，从造型和寓意等方面说一说这样设计的好处，再与父母或朋友交流。

____

____

3. 创意运用：中国结是我国特有的手工编织工艺品。在日常生活中，我们也处处可见中国结的身影。请查找相关资料，为中国结写一段介绍词，把它介绍给外国友人。

____

____

★阅读推荐★

《中国结图鉴》（陈阳 / 主编）

【项目作业二】表达与交流

1. 中国结样式丰富，寓意美好，是理想的装饰品，很适合作为祝福礼物送给亲朋好友。请你联系知识补给站，和父母、小伙伴们交流：以下漂亮的中国结更适合送给谁？

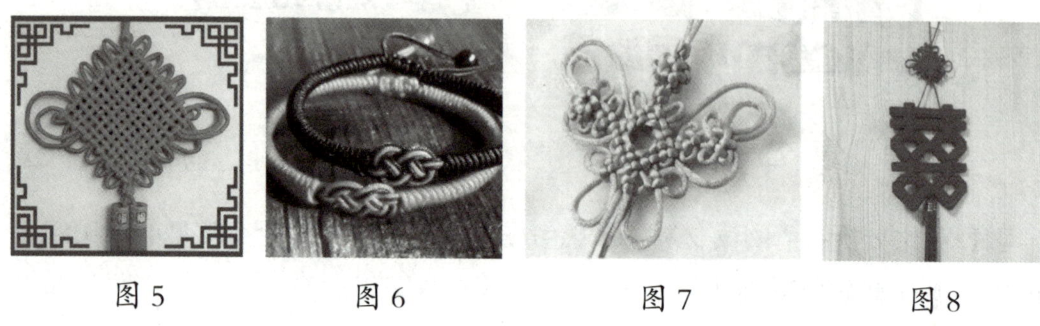

图 5　　图 6　　图 7　　图 8

2. 请你将在活动中学到的万字结编织的方法绘成流程图，教给身边的好友吧！

【项目作业三】梳理与探究

1. 如今，越来越多的人喜欢上了中国结这样的传统工艺，请你设计一个中国结网络交流论坛界面。思考：该论坛可以设计几个有关中国结的版块？每个版块可以呈现什么样的内容？

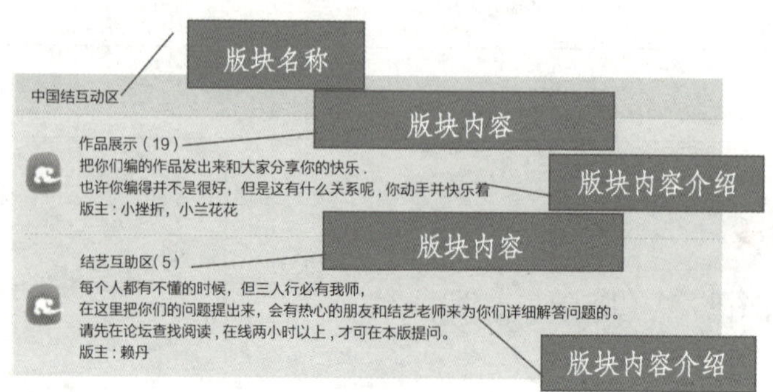

中国结艺术论坛

2. 欣赏舞蹈视频《红红的中国结》，有感情地朗诵下面的诗，感受中国结所蕴藏的吉祥意蕴。

一根根红红的线，连成五星红红的结，
一张张红红的笑脸，撑起了红红的天，
一个个红红的心愿啊，找出了好多红红的圈，
一个个红红的圈，连成红红的中国结。

知识补给站

1. 中国结根据绳结的形状、用途、意义来命名，有双钱结、纽扣结、琵琶结、团锦结、十字结、吉祥结、万字结、盘长结、藻井结、平结、双联结、蝴蝶结。

2. 不同的中国结有不同的寓意。如：盘长结——相依相随、长命百岁；同心结——恩爱情深、永结同心；蝴蝶结——福在眼前、福运迭至；团锦结——花团锦簇、前程似锦；双钱结——财源广进。

建筑的眼睛

如果说眼睛是人类心灵的窗户，那么窗户就是建筑的眼睛。在中国古典园林建筑中，园林窗相当于女子的桃花眼，明艳动人。它点缀着我们的生活，将莺歌燕舞、花红柳绿缩于一窗，让我们得以呼吸新鲜空气，欣赏绚丽景象。让我们一起去领略园林窗的美吧！

活动过程

活动项目：欣赏园林窗

活动场所：园林、公园（视安全以及实际情况而定）、家里

活动时长：30 分钟

活动流程：

观察园林窗，说一说它有哪些形状和图案。

与朋友们探讨交流：园林窗和窗后的景色构成了一幅怎样的图画？

尝试着画一画你透过窗户看到的美景。

学习目标：

1. 能通过多种方式欣赏园林窗的造型美，感悟江南园林建筑的魅力。

2. 能利用多种信息渠道搜集资料，体会园林窗图案的意蕴美以及“借景”的艺术功能。

学习项目：

【项目作业一】阅读与鉴赏

材料一：

人类历史上最早的窗户出现在穴居与半穴居时代。那时的窗户和门具有同样的功能，都是为了解决通风、采光、避寒等问题，所以窗户即是门，门即是窗户。随着社会的进步和人类生活的需要，窗户和门逐渐分开，各自注入了新的内涵。人们对于窗户有了更高的要求，窗户也变得精雕细琢起来。其中，江南园林中的窗特别具有美学价值。

金学智先生在《中国园林美学》中将园林窗分为三种：“一种是作为屋宇外檐装修而镂有各式花纹木框的窗——花窗；二是砖墙上所辟的空窗；三是墙上所辟其中布满图案纹样的漏窗。”

图 1　花窗（几何图案）

花窗的图案丰富多样，多见于中国古典建筑之中，有人物神仙、几何图案、故事戏曲、树木花卉、动物图案、山水风景等图案。花窗的出现，标志着窗从实用功能发展到实用与审美相融合。同时，也使建筑外观呈现出更美的效果。

图 2　空窗（正八角）

空窗在江南园林建筑中指的是局部或者是全部镂空的窗子，有圭形、长六角、圆、横长、定胜、海棠直长、正八角等多种形式，富于变化。但不要以为空窗仅是空空的一个洞，窗外另一面的景物填充画框，就构成了一幅美丽的图画。

图 3　漏窗（冬梅）

漏窗又被人们称作花墙头、花墙洞。从外观来看，漏窗看起来像不封闭的空窗，窗洞里装饰着各种各样的图案，仅在苏州园林中就有数百种之多，也让窗外的景观显得别出心裁，自然大方。

材料二：

借景指在人的视线范围内，将好的景色交织到园林视线中去，即通过人对园林景观进行重组。它帮助中国园林突破了界限，扩大了空间，带给人们一种美的熏陶。通过借景，园林的内部和外部有的被隔开来，有的连成一片，组成了一个艺术整体。借景是中国园林艺术的独特创造。

李渔在《闲情偶寄》中曾提道："开窗莫过于借景。"选一空窗作为画框，画框中嵌入窗外的花木、山石，巧妙地搭配起来，组成了一幅活灵活现的中国画。

"看一景不止于一景，入一亭不在此亭，花窗之意不在窗，溪涧之意不在涧。"借景使得古典园林整个都活了起来，创构了一种审美境界。借景的过程其实就是意境的创造，关键还是在于人心。

材料三：

居室部·取景在借

予又尝取枯木数茎，置作天然之牖，名曰“梅窗”……取老干[①]之近直者，顺其本来，不加斧凿，为窗之上下两旁，是窗之外廓具矣。再取枝柯之一面盘曲、一面稍平者，分作梅树两株，一从上生而倒垂，一从下生而仰接。其稍平之一面则略施斧斤，去其皮节[②]而向外，以便糊纸；其盘曲之一面，则匪特尽全其天，不稍戕斫[③]，并疏枝细梗而留之。既成之后，剪彩作花，分红梅、绿萼二种，缀于疏枝细梗之上，俨然活梅之初着花者。同人见之，无不叫绝。

——［清］李渔《闲情偶寄》（节选）

【注释】

①老干：老树干。②皮节：皮和节疤。③不稍戕斫：不做任何加工。

1. 比较鉴赏：材料一提到了哪几种园林窗？对比它们的相同与不同，将你的发现写下来。

园林窗	相同	不同

2. 获取信息：阅读材料二和材料三，想想如何进行“借景”，尝试用自己的话解释一下。

____

____

3. 评价鉴赏：园林建筑常用“借景”这一构景手段。请你阅读材料二和材料三，思考李渔如何利用梅窗“借景”，这样构景又有什么好处。

____

____

★阅读推荐★

视频：《格院七说之框与格》

短文：《窗》（钱锺书/文）

【项目作业二】表达与交流

1. 观看视频《格院七说之框与格》，想一想它从哪几个方面介绍了苏州园林的窗，又带给你怎样的感受，和父母或小伙伴说一说。

2. 在江南园林建筑中，窗户上的图案具有特殊的意蕴，体现了园林主人的内心世界。例如：冰裂纹意味着寒窗苦读，石榴寓意祈求福祉……请从下面的窗户图案中选择一个，或者上网搜索其他图案。确定好图案后，在书签上画一画，再写下它的寓意，送给你的好朋友吧！

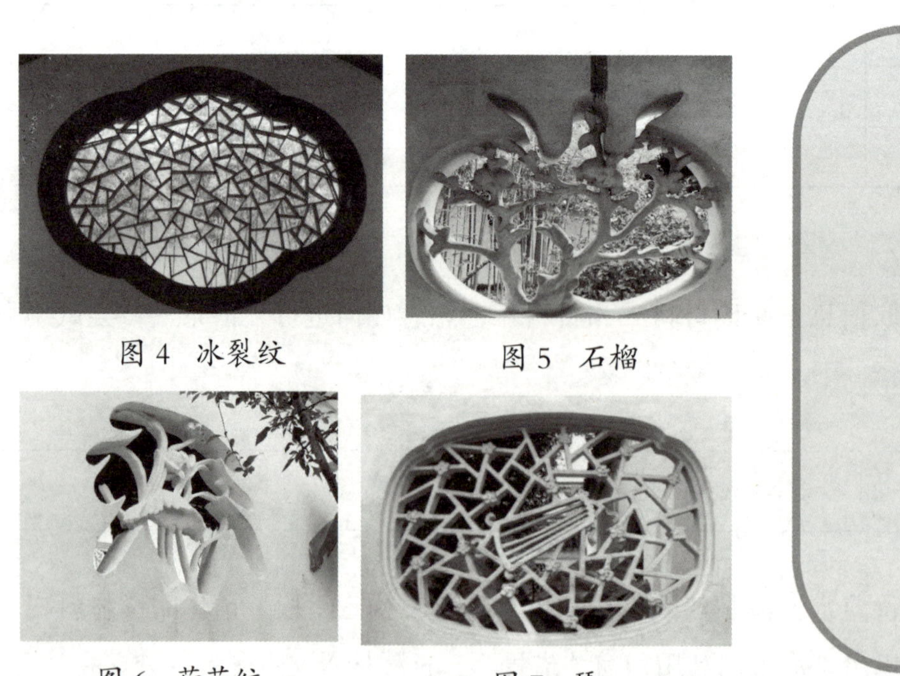

图4 冰裂纹

图5 石榴

图6 荷花纹

图7 琴

【项目作业三】梳理与探究

1. 看图，猜猜它们分别是什么类型的园林窗，将图片与名称连起来。

空窗　　　　漏窗　　　　花窗

2. 你学会“借景”了吗？试着从家中、学校、公园、博物馆等地的窗户向外看一看，将你觉得最美的景色拍下来，和小伙伴们分享你的最美体验吧！

知识补给站

1. 江南园林中常见图案的寓意

梅花、兰花、竹子、菊花等图案寓意高风亮节；蝉寓意清廉、高洁；蝙蝠、鹿的图案寓意福禄双全；花篮、葫芦、荷花、剑、笛子等八仙手里的法器图案寓意保全家人平安，辟除灾难。

2. 江南园林中“借景”

在江南园林中，开窗可以借窗外的美景；而窗户一关，和外面的世界并没有阻隔，人们还可以利用窗户借声：风声、雨声、虫鸣、鸟叫……这些声音在园林中并不显得嘈杂，反而引人或深思、或惆怅、或喜悦，更叫人心醉。借声，更显出此地的美好。

梦回敦煌

敦煌石窟壁上，有一位大家耳熟能详的人物——玄奘。他双手合十、目光虔诚，头后可见圆光。身后站着一位留着长发的随从，只见这位随从面容像猴子，双眼圆睁、目视前方，手牵着马……这就是敦煌壁画中颇负盛名的《玄奘取经图》。后来，壁画不断演绎，便有了陪伴我们成长的《西游记》。接下来，就让我们梦回敦煌，一同欣赏美丽的壁画吧！

活动项目：欣赏敦煌壁画《玄奘取经图》

活动场所：图书馆（视安全以及当地情况而定）、家里

活动时长：30分钟

活动流程：

观察《玄奘取经图》，说一说哪个部分最吸引你。

思考《玄奘取经图》中马的色彩、造型、线条等方面的特点，并与家长、朋友们探讨交流。

用手勾勒《玄奘取经图》中马的轮廓，感受其造型和线条的美。

学习目标：

1. 能对艺术产生兴趣，欣赏敦煌壁画色彩、造型、图案的美。
2. 能利用多种信息渠道搜集资料，体会敦煌壁画中动物形象的寓意。

学习项目：

【项目作业一】阅读与鉴赏

材料一：

图 1　敦煌壁画《玄奘取经图》

材料二：

提起敦煌，你一定不会陌生吧！敦煌文化在中华历史长河中熠熠生辉，而敦煌壁画又是敦煌文化中极为重要的组成部分。国画大师张大千曾经说过：“敦煌壁画代表了北魏至元一千年来我们中国美术的发展史。”

敦煌壁画构图饱满，内容丰富，色彩艳丽，极富美感。壁画大体上有佛像画、经变画、人像画、装饰画、故事画等类别。从图中我们可以看出，玄奘法师正前方为滚滚的河水，他身着褐色僧衣，双手合十，面露慈悲之色。在他的身后，正站立着面容形似猴子的人，手里牵着一匹马，马尾长长垂到地上……据历史记载，真实取经之路中，玄奘的坐骑其实是一匹枣红色的马。而在我们熟知的《西游记》中，红马却变成了白龙马。相传，白马和中国传统文化有着极深的渊源，古人盟誓时常选用乌牛白马，白马寓意苍天，乌牛寓意大地，因而红马就“改变”为白马了。

1.推想续编：观察材料一中的《玄奘取经图》壁画，推测接下来的故事情节，并将完整的故事写下来。

____

____

2. 评价鉴赏：阅读材料二可知，白马寓意苍天，乌牛寓意大地，请你查找相关资料，说一说敦煌壁画故事中出现了哪些动物形象，它们分别有哪些寓意。

____

____

3. 创意运用：近年来，敦煌壁画陷入了迅速恶化的困境，我们该如何保护敦煌壁画？列出你的观点。（至少两点）

____

____

★阅读推荐★

《敦煌壁画故事大观》（陈钰、何家荣 / 编著）

《敦煌：中国历史地理绘本》（苏小芮 / 著、绘）

【项目作业二】表达与交流

如果要把敦煌壁画介绍给你的好朋友，你最想介绍哪个方面？（造型、色彩、类别、故事……）请你查阅资料，选择其中一个方面来介绍敦煌壁画，试着用上恰当的说明方法。（100 字左右）

【项目作业三】梳理与探究

1. 敦煌壁画和服装碰撞在一起，又会焕发出怎样的魅力呢？这几幅图中的花纹均来自敦煌壁画。请你选择下面壁画中的一些花纹，尝试着为自己或家人设计一件T恤，并说一说你的设计意图吧！

2. 近来，故宫文创产品走红，其新颖性和趣味性深受广大消费者欢迎。请你以《玄奘取经图》中的马为原型，设计一件文创产品，再简单写一写产品创意书，让艺术服务于生活吧！

画一画	写一写

知识补给站

1. 敦煌莫高窟壁画中的动物形象

“狮子”和“大象”是敦煌壁画中出现最多的动物形象。“狮子”吼声洪亮，是威严的代表。除此以外，“狮子”和“大象”在敦煌壁画中还分别作为文殊菩萨和普贤菩萨的坐骑出现。

2. 敦煌莫高窟最著名的三幅壁画

（1）《北魏坐佛像》。这幅壁画堪比《蒙娜丽莎的微笑》。北魏时期，北方僧人主要靠坐禅进行修行，这样打坐对于一般人来说很难坚持，比较痛苦，但对于一个真正的禅修者，当他坐禅到一定状态时会觉得内心喜悦。这幅坐佛像中的佛呈现出一种满足的微笑。

（2）《帝王图》。这幅壁画和唐代阎立本的《历代帝王图》极为相似，画中的皇帝十分威严，让人浮想联翩。

（3）《鹿王本生》。这幅壁画是北魏洞窟故事画的经典之作，用一长条横幅展开了连续的情节。

“千人千面”的地下军团

2000 多年前，秦始皇去世了。一个规模宏大的地下军团作为他的陪葬品，被一同葬入皇陵……直至 1974 年，一位村民打井时，发现了许多用泥土烧制、与真人一般大小的陶俑碎片，秦始皇兵马俑才得以重见天日，一时成为全世界焦点。这个“千人千面”的地下军团究竟为何震惊全世界，快跟着我们的脚步去一探究竟吧！

活动过程

活动项目：了解兵马俑，尝试绘制一幅兵马俑线描图

活动场所：家中、秦始皇陵博物馆（有条件可前往）

活动时长：30 分钟

活动流程：

搜集、整理兵马俑的相关资料，说一说兵马俑有哪些种类。

观察一个自己感兴趣的兵马俑，通过其面容、服饰、武器装备猜测其身份，并与家长、朋友探讨交流。

尝试为你喜欢的兵马俑绘制一幅线描图。

学习过程

学习目标：

1. 能对艺术产生兴趣，欣赏兵马俑“千人千面”的美。

2. 能通过多种形式了解兵马俑，激发民族自豪感。

学习项目：

【项目作业一】阅读与鉴赏

材料一：

1974 年，一个打井人无意中的发现，让沉睡千年的秦始皇兵马俑苏醒过来。全世界把目光再次聚焦到了这块神秘的神州大地上。秦始皇兵马俑的规模和艺术成就震惊世界，因此，它被誉为“世界第八大奇迹”。

一尊尊鲜活的秦俑、一场场激烈的战役、一排排整齐的队伍、一幅幅真实的生活图景……你也许会怀疑，自己看到的究竟是泥土做成的俑，还是一个个真实鲜活的生命。这些陶俑“千人千面”，组成了庞大的地下军团，他们的造型各不相同，主要有士兵与军吏两大类，军吏又分为低级、中级和高级。将军俑身材高大，头戴长冠，颇具大将之风；军吏俑昂首挺胸，神态肃穆，虽不如将军俑高大威猛，但也显示出勇敢干练的一面；武士俑造型各异，可以分为战袍武士和铠甲武士，是俑坑中数量最多的群体……这样的秦俑雕塑阵容可谓是前无古人，后无来者，是宝贵的财富。

材料二：

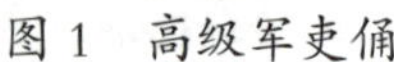
图 1　高级军吏俑

图 2　中级军吏俑

图 3　下级军吏俑

图 4　士兵俑

1. 评价鉴赏: 兵马俑的服饰写实、神韵逼真、五官立体灵动，极具审美价值。请你认真观察材料二中的四幅图，思考这些兵马俑在面孔、服饰、手势等方面有哪些不同，再说说你的感受吧！

2. 创意运用：秦国工匠制作出的陶俑种类繁多、形态各异，被誉为“世界第八大奇迹”。对于这些技艺高超的工匠们，你想对他们说点什么？把你想到的写下来。

★阅读推荐★

《寻找中国之美：少年西安行》（傅国涌 / 著）

《你好，兵马俑》（杨士兰 / 著　王祖民、王莺 / 绘）

【项目作业二】表达与交流

图 5　兵马俑一号坑

1. 爷爷、奶奶第一次去西安旅游，被气势磅礴、栩栩如生的兵马俑深深吸引，他们想用照片和文字将这美好的一刻留存下来。请你运用点面结合的手法，观察图 5 一号坑中的兵马俑阵，再选择一至两个有代表性的兵马俑，用文字帮助爷爷、奶奶把看到的场景记录下来吧。

____

____

2. 兵马俑究竟该不该被发掘？网络上众说纷纭。请邀请你的朋友分别担任正方辩手和反方辩手，搜集支持各自观点的论据，举行一场辩论赛吧！

正方：“兵马俑原本是彩色的，但出土后一接触空气就发生氧化，变得灰扑扑的，所以我认为他们不应该被发掘。”

反方：“虽然兵马俑出土后颜色变化了，但后人能看到栩栩如生的陶俑，也能进一步了解中国文化。所以我认为他们应该被发掘。”

【项目作业三】梳理与探究

1. 兵马俑穿越千古，又重现于世人眼前！请为你感兴趣的兵马俑设计一张精美的名片吧！名片上要有手绘的头像以及有关出土位置、外观、装备、兵种、技能的介绍。

2. 兵马俑和糖画碰撞在一起，会焕发出怎样的魅力呢？请你搜集观看制作糖画的视频，和小伙伴说一说兵马俑车马糖画的制作流程吧！

图 6　兵马俑车马糖画

知识补给站

1. 兵马俑的种类

车马俑、驭手俑、立射俑、骑兵俑、跪射俑、武士俑、军吏俑等。

2. 兵马俑的颜色

兵马俑制作之初，秦朝匠人全部进行了彩绘。但出土后兵马俑被氧化，不到十秒钟颜色便褪去。从现在残留的彩绘痕迹中可以推测出：军吏和士兵穿着的服装颜色各异，上衣分别采用了枣红、粉紫、粉绿、朱红、天蓝等颜色，裤子采用了红、粉紫、粉绿等颜色。

会说话的鼓

有这样一种来自非洲大陆的乐器，它不仅能演奏出动人的乐曲，还能传递出特殊的语言。你猜到它是什么了吗？是的！它就是非洲鼓。接下来，让我们在节奏感强烈的鼓声中，去认识这面会说话的鼓吧！

活动过程

活动项目：认识非洲鼓，初步感受非洲鼓节奏分明的特点

活动场所：琴行（视安全以及当地情况而定）、家里

活动时长：30 分钟

活动流程：

观察非洲鼓的外形，猜一猜击鼓用的工具。

听赏鼓乐《斗牛士之歌》，用手在空中随着节奏敲一敲。

用纸杯和硬纸做个简易的非洲鼓，试着敲出一段你喜欢的节奏。

学习过程

学习目标：

1. 能欣赏非洲鼓的外形，感受非洲鼓乐的魅力。

2. 能通过多种信息渠道获取资料，说一说非洲鼓的作用及其在中国的传播。

学习项目：

【项目作业一】阅读与鉴赏

材料一：

在非洲社会生活中，鼓占有特别重要的地位。鼓在非洲传统舞蹈中扮演着重要的角色。非洲人民能歌善舞，无论是繁荣的城市，还是美丽的乡村，随时都可以看到随歌起舞的人。节假日或者特殊仪式中，也都能看到鼓的影子。非洲的鼓文化也是非洲各个国家文化输出的重要部分。

材料二：

非洲鼓的构造决定了它具备“说话”的特殊功能，因此它也被称作“说话鼓”。说话鼓外形似沙漏，双面为鼓皮，鼓绳连接两端的鼓面。演奏时，鼓被放置在腋下，演奏者通过控制绳子的松紧来影响鼓面的松紧，调节音高。不仅如此，敲击者通过不同的演奏方法，还能演奏出不同的音色和节奏，就如同人类的语言一样，能传达多种信息。

在非洲，经常有人用鼓来传递信息。如在非洲中部的巴米累克族中，击鼓三次表示危险；击鼓五次表示会议即将开始，人们要参与到集会中来。除此以外，用两根木棍击打“恩都”鼓，这是向人们传递警报，提示要进入战斗。相传第一次世界大战时，人们遇到灾难的消息也是通过鼓声传送的。这是因为鼓声传播速度非常快。

在狩猎出发时，人们会通过击鼓来振奋人心；当狩猎者归来时，人们又会变换节奏，击鼓表示欢迎。

肯尼亚人还有击鼓就餐的习惯。在一些餐馆里，老板敲着大鼓在门口欢迎客人，服务员会击着小鼓带领客人入座。

材料三：

图 1　非洲鼓

图 2　中国大鼓

1. 获取信息：阅读材料一和材料二，说说选文主要写了非洲鼓的哪些作用。（至少两点）

____

____

2. 创意运用：非洲鼓被称作“会说话的鼓”，那中国大鼓是否也能传递特殊的语言呢？请你结合材料二和材料三，并联系生活实际，谈谈你的理解。

____

____

★阅读推荐★

纪录片：《鼓语者》

【项目作业二】表达与交流

1. 五年时间一晃而过，明年就要和老师、同学们说再见了。请欣赏非洲鼓版《再见》，和同学们交流你的感受。

____

____

2. 近年来，外来文化不断在国内被传播，人们对此褒贬不一。作为外来乐器之一的非洲鼓是否应该被大力推广？请你和你的朋友分别担任正方辩手和反方辩手，搜集相关资料，并梳理、总结论据，举行一场辩论赛！

正方：“中国传统打击乐器种类繁多，功能多样，已经能满足我们对打击乐器的需求。所以我认为外来乐器非洲鼓不应该被大力推广。”

反方：“虽然我国打击乐器种类繁多，但是推广非洲鼓有利于我们取其精华，去其糟粕。所以我认为非洲鼓应该被大力推广。”

【项目作业三】梳理与探究

1. 欣赏非洲鼓版《光辉岁月》，模仿敲击节奏，当乐曲的速度变快、力度变强时，用动作来表现。

2. 非洲鼓不仅音色独特，而且外形美观。很多设计师融入非洲鼓的特点，设计出“非洲鼓”系列家具。这些家具在兼具实用性的同时，更具美感，吸引了众多消费者。请你结合非洲鼓的沙漏状外形特点，设计一款特色装饰产品，再写一份简单的介绍书吧！

画一画	写一写

知识补给站

1. 非洲鼓在中国的传播

2006 年，“非洲手鼓网”在中国设立。2008 年，大量的非洲鼓俱乐部和学生社团如雨后春笋般出现在人们的身边。从 2010 年至今，非洲鼓在中国发展势头迅猛，新鼓团逐渐在中小型城市产生。以湖南凤凰和云南丽江、大理为首的景区成为非洲鼓爱好者的聚集之地。

2. 非洲鼓受欢迎的原因

非洲鼓简单易学。其击打形式不固定，音高变化有规律可循，以鼓面中心为起点，从内往外，分为低音、中音、高音三个部分。初学者不需要太多音乐基础，往往通过短时间的学习就能自行演奏。

草原的牧歌

曾经有人这样评价：如果要描述草原，比起画家给的色彩和诗人给的文字，一首马头琴歌曲的旋律会更加传神。马头琴是蒙古族特有的一种弓弦乐器，因琴首雕有马头而得名。让我们一同走进辽阔的草原，聆听马头琴演奏出的牧歌吧！

活动过程

活动项目： 认识马头琴

活动场所： 琴行（视安全以及当地情况而定）、家里

活动时长： 30 分钟

活动流程：

观察并触摸马头琴的共鸣箱、琴头、琴弦等，初步了解马头琴的构造。

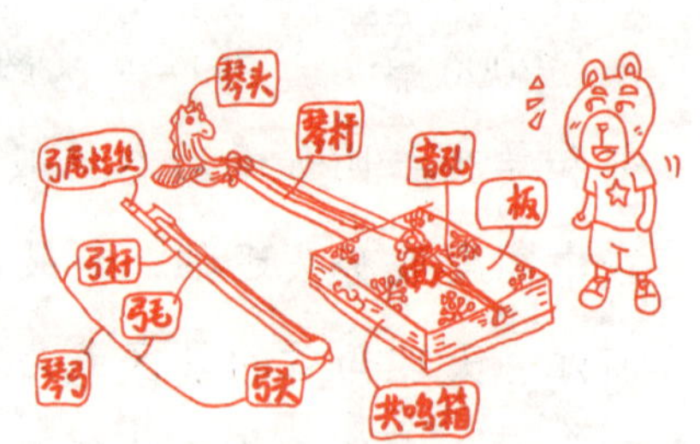

聆听马头琴曲《万马奔腾》，并和家人、朋友交流自己的感受。

尝试拉一拉马头琴，让它发出声音。

学习过程

学习目标：

1. 能说出马头琴的作用，创造性复述与马头琴有关的传说故事。

2. 能通过多种方式感受马头琴曲的美，对民族英雄产生敬佩之情。

学习项目：

【项目作业一】阅读与鉴赏

材料一：

马头琴的琴声优美动听。当马头琴欢快的旋律响起时，人们心情愉悦，常常会发出笑声；可是当那忧伤的旋律飘荡在草原上时，又让闻曲人潸然泪下。这样的乐曲带给人以美的享受，对人美感的熏陶和培养的作用不言而喻。

演奏马头琴可不是一件容易的事情，特别考验演奏者的观察能力、专注能力和记忆力。要想创作出反映蒙古族生活的音乐，创作者需要连续观察，积累素材。而马头琴的演奏更需要极强的观察能力，徒弟们只有百分百专注，才能将师父的演奏模仿得惟妙惟肖。在很早以前，演奏马头琴时没有乐谱，人们需要凭着记忆来演奏。所以，学习者要不断训练才能做到熟练演奏，这个过程非常锻炼记忆能力。

材料二：

马头琴的故事

故事发生在一个久远的年代。有一个叫苏和的小牧童，他生活在察哈尔的大草原上。有一天放牧时，他捡到了一只小白马驹。苏和非常喜欢它，每天精心照料着。在他的呵护下，小白马驹渐渐长大，变成了一匹漂亮的骏马。它跑起来像一阵风似的，都能追得上梅花鹿了。白马和苏和的感情非常好，就像朋友似的。

有一年春天，王爷举办了骑马大赛，还发出赏令：夺冠的人能得到一群羊。苏和听了十分激动，带着白马参加了比赛。白马也很争气，帮助苏和拿到了第一名。

可是，白马被王爷看中了。王爷见苏和只是一个小牧童，就霸道地对他说："我看中你的马了。这儿有三个元宝，赏你，把马留给我！"苏和听了很生气，他反抗道："我是来比赛的，不是卖马的！"王爷愤怒不已，命人将苏和打晕，直接抢走了白马。

王爷骑上白马得意地在草原上驰骋，可白马使劲挣脱，将王爷摔了下来，还挣脱掉绳索，疾驰而去。王爷很是生气，让武士用毒箭去射杀白马。白马带着箭伤一路飞奔，到苏和家门前才倒下。苏和出来一看，白马已经断气了。他难过地抱着白马，失声痛哭。

因为过于思念白马，他夜夜梦到小白马驹。梦中，小白马驹对他说："你用我的筋骨做一把琴，这样我们就能日夜不分开，永远在一起。"

于是，苏和把白马的骨头雕刻成马头，用筋做琴弦，把它的尾巴做成了琴弓。这就是第一把马头琴的由来。

从此以后，美妙的马头琴琴声在大草原上回荡。

1. 获取信息：阅读材料一，思考马头琴有哪些作用。再查阅相关资料，说一说学习马头琴还有哪些好处。

____

____

2. 应用实施：材料二讲述了和马头琴有关的美丽传说。请你试着用自己的语言，加上恰当的动作、神态，给朋友或者父母讲讲这个故事吧！

____

____

★阅读推荐★

《马头琴的故事》（李永志、李德兰 / 著）

视频：马头琴合奏《万马奔腾》

【项目作业二】表达与交流

1. 一把美丽的马头琴，演奏出经典的马头琴曲《嘎达梅林》。请听赏马头琴演奏的《嘎达梅林》，说一说你最喜欢哪个部分。再结合背景材料，把你对这个部分的感受和联想写下来。

材料背景：

20 世纪初，达尔罕旗的王爷和军阀勾结，要强行开垦牧民赖以生存的草原，对牧民进行残酷的剥削和掠夺。牧民们看到青青的草原被毁坏，心痛不已，纷纷离开了家乡。王府掌管旗兵的嘎达梅林，看到草原上生灵涂炭，牧民流离失所，便带领众人奋力反抗，要求王爷停止对草原的破坏，并把霸占的土地归还给牧民们。

起义的烈火燃烧在大草原上。王爷十分害怕，佯装答应了他的要求，并引诱嘎达梅林谈判。嘎达梅林不幸中了埋伏，壮烈牺牲，起义军惨遭失败。这次起义深深地震撼了整个科尔沁草原的人民，有力地阻止了封建王公及黑恶势力对草原的破坏。从此，嘎达梅林的英雄事迹一直被草原的人民广泛传颂着。

结合自己的学习感受，可从以下几个角度思考：

段落	速度 （快、稍快、中速、稍慢）	感受和联想

2. 英雄嘎达梅林的故事在广袤的大草原上流传着。在他逝世的第二年，人们就创作了声乐曲《嘎达梅林》。器乐曲（马头琴）《嘎达梅林》和声乐曲《嘎达梅林》，你更喜欢哪一种呢？请对比这两种形式的《嘎达梅林》，和朋友交流自己的感受吧！

【项目作业三】梳理与探究

1. 请你以马头琴五重奏《嘎达梅林》为主题曲，邀请小伙伴共同编排一个音乐剧，让英雄的故事在校园流传。

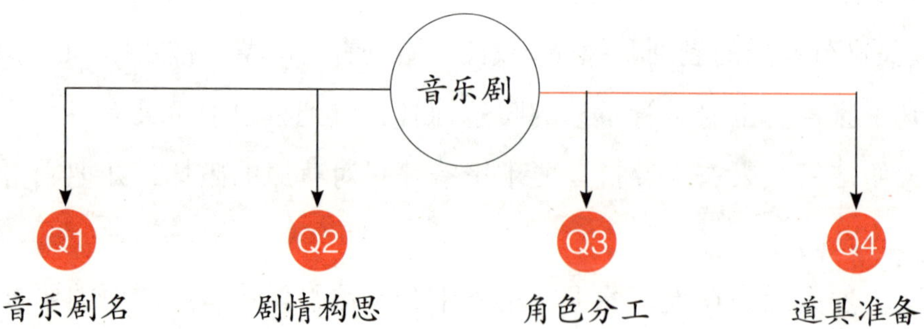

2. 音乐剧编排好后，可以在校内展演，把嘎达梅林为保卫家园而壮烈牺牲的大无畏精神传承下去。你打算为编排的音乐剧《嘎达梅林》设计一张怎样的海报呢？画一画，并配上简单的文字介绍，吸引更多的同学来观看。

知识补给站

1. 马头琴的音色

马头琴声韵悠长，音色很优美，既深邃、深情、深沉，又如诉、如泣、如吟，特别适合独奏或者伴奏长调。

2. 马头琴的地位

在马背上放牧，在马背上战斗，在马背上唱歌……这就是蒙古族人的一生。对蒙古族人来说，马的背是摇篮，也是舞台。人们尊称马为五畜之首，并将其头刻在了琴的脖子上。他们还用马头琴演奏出蒙古族长调民歌，将“人—马—马头琴”之间的亲密关系演绎得淋漓尽致。

上达天听的声音

编钟是古代皇帝祭天仪式上的“常客”，敲击编钟发出的声音，也被人们称为“上达天听的声音”。在编钟排行榜里，曾侯乙编钟更是排在最前列。让我们走近曾侯乙编钟，体会它承载的“以和为贵”的文化内涵。

活动过程

活动项目：认识曾侯乙编钟，并用玻璃杯模拟编钟敲一敲

活动场所：博物馆（视安全以及当地情况而定）、家中

活动时长：30 分钟

活动流程：

观察曾侯乙编钟，猜测编钟的大小与敲击时发出声音的关系。

视听编钟曲《楚商》，感受编钟悠扬、清脆的音色，再和父母、同学交流感受。

一排玻璃杯中装入不同量的水，模拟为一排编钟，并尝试敲一敲。

学习目标：

1. 能对民乐产生兴趣，欣赏编钟的外形美和编钟曲的庄严美。
2. 能利用多种信息渠道获取资料，体会编钟“以和为贵”的文化内涵。

学习项目：

【项目作业一】阅读与鉴赏

材料一：

图 1　曾侯乙编钟

图 2　曾侯乙编钟（局部）

图 3　曾侯乙编钟（局部）

材料二：

曾侯乙编钟共 65 件，含钮钟 19 件、甬钟 45 件、镈（bó）钟 1 件，根据编钟的大小和音高编成八组，分三层悬挂在曲尺形钟架上。

镈钟镌刻铭文“隹王五十又六祀，返自西阳，楚王酓章作曾侯乙宗彝，奠之于西阳，其永时用享”。

材料三：

战国初期，楚惠王扩张国土的过程中，留下了背后的曾国（又叫随国）。曾国的国君，姬姓，氏南宫，名乙。他非常重视乐器和音律方面的研究，精通礼乐文化。楚惠王便以此为契机，运送青铜给曾侯乙，观察他是要将青铜打造成兵器还是乐器。

待到青铜铸成后，曾侯乙向楚惠王汇报：自己将青铜全部用来制作编钟，未曾打造“剑”。他还请楚惠王观赏编钟“一钟双音”（谐音“双赢”）的演奏，此编钟一正一侧均能发出声音，两音共存于一钟之上，就好似楚国和曾国，纵使天下战争不断，但楚曾两国却能保持友好，和谐共存。

1. 评价鉴赏：观察材料一中的三幅图片，联系材料二，说一说曾侯乙编钟在外形上有什么特点，从中可以感受到它怎样的美。

____

____

2. 创意运用：联系三则资料，为曾侯乙编钟制作小档案。

编钟小档案

姓名：______

国籍：______

出生年代：______

文化内涵：______________________________

★阅读推荐★

艺术观赏：曾侯乙编钟（湖北省博物馆 5G 智慧博物馆 APP）

视频：《国家宝藏·曾侯乙编钟》

【项目作业二】表达与交流

1. 如果让你向全班同学介绍曾侯乙编钟，你最想介绍哪个方面？请你参考表格中的内容，在你最想介绍的一项里打“√”，再查阅相关资料写一写。

不同方面	我最想介绍的一项
规模	
纹饰	
音乐特性	
使用场景	

____

2.编钟自诞生以来就承担着“以和为贵”的重任。联系知识补给站，和父母或者身边的朋友交流：在今天的大国外交中，曾侯乙编钟是如何担任“以和为贵”使者的。

【项目作业三】梳理与探究

1. 再次听《楚商》，尝试随音乐轻声哼唱，欣赏编钟、古筝、笙等乐器演奏的合奏曲。

2. 为了让更多人欣赏曾侯乙编钟的美，许多人以曾侯乙编钟为原型设计创造文化创意产品，如编钟茶具、编钟名片座、音乐文物台历、明信片等。如果你是产品设计师，你会设计什么呢？请简单画一画吧，画完后写一份简单的产品介绍书。

画一画	写一写

知识补给站

1. 曾侯乙编钟

它是规模最大、重量最重、数量最多、音律最全、音域最广、做工最精细、保存最完好的青铜乐器。

2. 编钟的大国外交

时间	地点	节目	观众
2017 年 1 月 21 日	埃及卢克索神庙广场	《金石和鸣》	国家主席习近平、埃及总统塞西等
2017 年 7 月 6 日	德国柏林海军上将宫剧院	《编钟乐舞》	参加 G20 峰会的各国首脑
2018 年 4 月 27 日	湖北省博物馆	《凤舞楚天》	国家主席习近平、印度总理莫迪等

二胡声声惹人醉

有这样一位民间艺术家——阿炳，他双目失明，流浪街头卖艺为生。尽管腰酸背痛，他表演所得也仅能供一家人果腹。若是受到匪徒、地痞欺侮，便要饿肚子……如此心酸的经历，促使阿炳创造了催人泪下的二胡名曲《二泉映月》。接下来，就让我们一起去聆听惹人心醉的二胡声吧！

活动过程

活动项目：了解二胡，并用钢弦模拟二胡拨一拨

活动场所：艺术馆（视安全以及当地情况而定）、家中

活动时长：30 分钟

活动流程：

观察并触摸二胡，初步了解二胡的构造。

听赏二胡名曲《二泉映月》，和家长或同学说一说听后的感受。

用两根钢弦模拟二胡的弦，试着拨一拨。

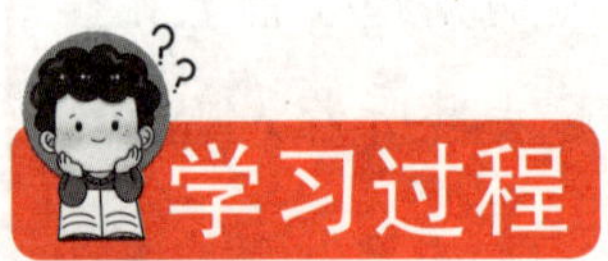

学习目标：

1. 能对艺术产生兴趣，通过多种方式欣赏二胡曲的美。

2. 能利用多种信息渠道获取资料，了解相关知识并向人介绍二胡。

学习项目：

【项目作业一】阅读与鉴赏

材料一：

二胡始于唐朝，最早发源于少数民族“奚族”，因此名为奚琴。北宋时期，人们使用马尾来制作琴弦，渐渐地也称它为胡琴。明清时期，二胡传遍大江南北，成为乐器合奏和戏曲伴奏的主要乐器。

图 1　二胡

材料二：

补笔谈·乐律

［北宋］沈括

熙宁[①]中，宫宴。教坊[②]伶人[③]徐衍奏稽琴，方进酒而一弦绝，衍更不易琴，只用一弦终其曲。

【注释】

①熙宁：北宋的一个年号。②教坊：管理宫廷音乐、掌教习音乐的官署。③伶人：伶工、乐人，歌舞或戏剧演员。

材料三：

在明清及以前，二胡多用于戏曲伴奏，或与其他乐器合奏，演奏技巧较为固定，曲目较为单一，一直都没有较大的发展和创新。一直到了近代，在中、西方文化的碰撞下，许多音乐家开始注重收集、整理传统弓弦乐器的音乐，钻研创新二胡的演奏技巧。以刘天华为代表的二胡演奏家开辟出“中西结合”的二胡发展之路。他立志把民族音乐作为国乐来推广，不仅收集与二胡相关的乐器、乐谱、曲目、书籍等资料，还设立了相关研究部门，推行学习音乐教育，以实现“改进国乐”的目的。此外，刘天华还吸收了西方音乐曲式结构，创造了十首知名的二胡独奏曲。

如果说刘天华是文人二胡的领军人物，那阿炳则是民间二胡的代言人。阿炳从小酷爱并擅长乐器演奏。他不仅学习道教音乐，也善于向民间艺人拜师学艺，还经常加入江南民间丝竹乐队参与演奏，汲取江南民间音乐的精华。在他们的共同努力下，二胡从伴奏乐器一跃成为独奏乐器。从此，二胡的艺术特色更为鲜明，音乐表现力更强，发音优美，柔和并济，也逐渐走出中国，走向世界。

1. 获取信息：阅读材料三，说一说二胡是如何从合奏乐器发展为独奏乐器的。（至少两点）

____

____

2. 创造生成：二胡从起源到发展，从为戏曲伴奏到可以独奏，经过了许多重要变革。请你结合材料一、二、三，在竖轴中试着将二胡起源与发展的重要时间节点、变革的重大事件梳理出来。

★阅读推荐★

艺术视频：《战马奔腾》（高韶青 / 演奏）

【项目作业二】表达与交流

1. 对比欣赏两首二胡名作《二泉映月》和《赛马》，在方框中用不同的线条画一画，再借助图画与父母或同学说说听赏时的感受。

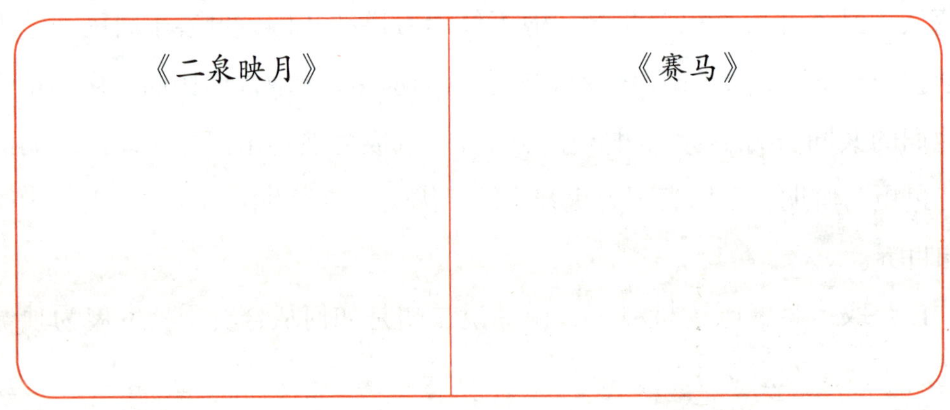

2. “二胡音乐会”即将召开。如果要你向全体同学介绍二胡，你最想介绍哪个方面？可在作品类别、演奏家及其故事、风格变化的历程、使用场景的变化等方面选择一项，再查阅相关资料写一写。

【项目作业三】梳理与探究

1. 请听赏《魔法醒醒啦》，欣赏二胡与流行音乐碰撞的合奏曲。

2. “二胡音乐会”即将到来，主办方需要你设计一张海报，请你根据以下信息，设计一张海报。

海报的内容：①文字：活动主题、宣传语、活动时间、活动地点、主办单位等；②插图。

知识补给站

1. 二胡代表作

凄楚坎坷：《二泉映月》《病中吟》

欢乐守岁：《良宵》

意境优美：《空山鸟语》《月夜》

节奏明快：《光明行》

气魄豪迈：《听松》《赛马》

2. 二胡保养小贴士

（1）琴皮：不要在二胡的琴皮上涂油性物质，更不能对琴皮的背面再进行处理。

（2）琴筒和琴杆：它们大多是由硬质木材制成的。平时应将琴放入琴箱内保存，并放上一些干燥剂。

“和”谐大使

笙是我国最古老的吹奏乐器之一。相传在很久以前，女娲就发明了笙这种乐器。它常常在乐队演奏中担任“和”谐大使，使和声更有美感。接下来，让我们一起走近笙，体会它的“和”之美。

活动项目：认识笙，感受笙曲的韵味

活动场所：艺术馆（视安全以及当地情况而定）、家中

活动时长：30 分钟

活动流程：

对比笙和凤凰的外形，猜测两者之间的关系。

视听笙独奏曲《凤凰展翅》，感受笙曲清越、高雅的韵味，再和同学说一说自己的感受。

用手指尖模仿凤凰的动作，随着音乐《凤凰展翅》跳一跳。

学习过程

学习目标：

1. 能通过多种形式感受笙曲与舞蹈之间的和谐美。

2. 能利用多种信息渠道获取资料，体会笙所蕴含的和谐文化。

学习项目：

【项目作业一】阅读与鉴赏

材料一：

笙在我国乐器史上源远流长。关于笙的起源，有“女娲作笙簧”的神话传说，与此相似的有“伏羲创造古琴”，足见笙来头不小。

周朝时，人们根据制作材料的不同对乐器进行分类，也就是我们常说的八音分类法，即金、石、丝、竹、匏、土、革、木这八类乐器。笙、芦笙、葫芦笙、瓢笙和我国古代的竽（成语故事“滥竽充数”中的竽），都属于八音类别中的“匏”类。

笙的形制也很有规律。每根竹管的长短都要经过筛选，上下、左右、前后均按比例排列，具有对称美。因此，笙又被称为“十三簧象凤之身也”（《说文解字》）。《乐府杂录·笙》也记载：“笙者，女娲造也。仙人王子晋于缑氏山月下吹之，象凤翼，亦名参差。自古能者固多矣。”笙不但形似凤凰，更是声如凤鸣。

笙还具备呼吸式发音、多重音响功能，因此，它能够演奏和弦。潘岳在《笙

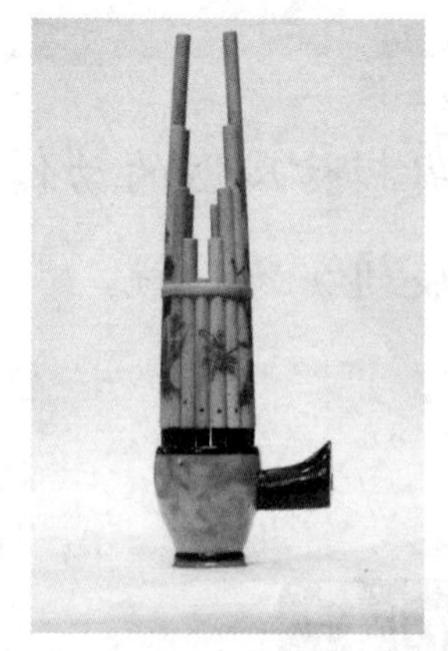

图 1　龢（和）甲骨文　　　图 2　传统笙

赋》一文中指出："惟簧也，能研群声之清；惟笙也，能总众清之林。卫无所措其邪，郑无所容其淫。非天下之和乐，不易之德音，其孰能与于此乎！"由此可见，在中国古代，人们视笙为所有乐器中最具代表性的乐器，把笙演奏出的音乐比作是和乐、德音，直观写出了笙在当时的社会地位，更表现了笙这种簧管乐器"和"的属性。

近代，根据郭沫若考证："龢"（hé）为笙，是"和"字的前身。和，取象于笙的和谐共鸣。

现代，在音色鲜明的乐器演奏中，它可以调和二胡、唢呐、琵琶等极富个性的音色。所以，笙在民族乐团中起了重要作用，是将民族管弦乐器融合在一起的纽带。

材料二：

笙是人类史上最早采用"自由簧"发音的乐器，在簧片乐器中作为鼻祖存在，影响了缅甸角笙、日本笙、欧洲管风琴等众多乐器，推动了世界音乐的发展。

18 世纪前后，中国笙传到了欧洲。借鉴笙"自由簧"的发音原理后，欧洲也产生了许多新型簧乐器，如手风琴、管风琴、口琴等。《不列颠百科全书》中关于"手风琴"的词条是这样解释的：中国笙……18 世纪传入俄国，是引起欧洲发明使用自由簧片乐器［包括手风琴、六角手风琴、（簧）风琴及口琴］

的重要原因之一。

1. 比较分析：阅读材料一，观察甲骨文的“龢”以及传统笙的图片，再查找相关资料，说说你对“笙”与“和”关系的推测。

____

____

2. 创意运用：联系上一题你对“笙”与“和”关系的了解，再结合材料一、二的内容，说说笙还在哪些方面展现了“和”之美。（至少两点）

____

____

★阅读推荐★

《鼓瑟吹笙：中国乐器寻珍》（白雪 / 主编　肖静茹 / 插图）

视频：《小雅 · 鹿鸣》（方颂评 / 演奏）

【项目作业二】表达与交流

1. 笙是一个大家族。除了传统笙和现代笙，常见的还有少数民族使用的芦笙、葫芦笙等。请欣赏芦笙舞曲《嘎迪朵（duǒ）》，并和家长、朋友说一说音乐中描绘了锦鸡的哪些形态和怎样的情景。

2. 元旦快到了，晚会表演节目单中有学校民族舞蹈团表演的芦笙舞曲《嘎迪朵》。请你为这个节目写一段主持串词，要求如下：

①总结上一个节目；②简要介绍节目内容；③介绍表演者等信息。

《嘎迪朵》是苗族的一种民间传统舞蹈。该舞蹈模仿自然界中的锦鸡寻觅食物、玩闹嬉戏、展翅翱翔等动作，悠然流畅、优美自然。

【项目作业三】梳理与探究

1. 观看《诗经》乐舞《小雅·鹿鸣》，欣赏吹笙鼓簧，乘风起舞的美妙画面。

2.《小雅·鹿鸣》的乐舞令人陶醉。如果请你担任节目导演，你打算选择哪一首诗，配上什么样的舞蹈？想好后和同学说一说吧！

知识补给站

1. 笙的传承

过去，笙音域较窄，多用于伴奏或合奏，很少用于独奏。经过胡天泉、闫海登、高沛等笙演奏艺术家的传承与创新，笙逐渐成为具有丰富表现力的独奏乐器，既能营造优美抒情的氛围，也能演奏雄健有力的曲调。

2. 八音分类法（根据乐器制作材料的不同进行分类）

分类	金	石	丝	竹	匏	土	革	木
代表乐器	钟	磬	琴、瑟、筑、琵琶、胡琴、箜篌等	笛、箫、篪、排箫、管子等	笙	埙、陶笛、陶鼓等	鼓	木鼓、敔、柷

墨香盈门

“千门万户曈曈日，总把新桃换旧符。”每到新年，家家户户总要在门口贴上春联。春联，用文字描绘美好形象，寄托了老百姓的美好愿望。让我们走近春联，感受传统艺术的无穷魅力！

活动项目：认识春联，感受春联的艺术魅力

活动场所：家、书店、街道、楼道

活动时长：30 分钟

活动流程：

查找有关春联的历史和故事，了解春联的起源及发展。

认真观察生活中的春联，找到春联的特点。

试着写一副春联。

学习目标：

1. 能观察生活中的春联，感受春联的艺术美。

2. 能利用多种信息渠道获取资料，了解春联的基本信息。

学习项目：

【项目作业一】阅读与鉴赏

元日

［宋］王安石

爆竹声中一岁除，春风送暖入屠苏。

千门万户曈曈日，总把新桃换旧符。

1.阅读理解：诗中的“新桃”“旧符”是什么意思？它们与春联有什么关系？

____

____

2. 评价鉴赏：阅读古诗并结合生活实际，谈一谈春联有哪些寓意。

____

____

★阅读推荐★

古诗：［唐］孟浩然《田家元日》

［宋］陆游《除夜雪》

［明］文徵明《拜年》

【项目作业二】表达与交流

1. 仔细观察右边这副春联，并和父母交流这副春联有哪些特点。将发现写出来吧。

____

____

____

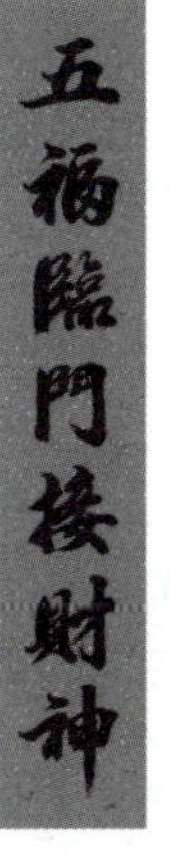

迎春接福

2. 请你走出家门，在街道上、楼道里找一找生活中的春联，品味春联的不同风格，并把它们抄录下来。

小锦囊：你可以从春联的字体、内容、样貌等方面去品味春联的不同风格。

【项目作业三】梳理与探究

1. 找一副春联，试着临摹下来，注意春联的书写格式。

2. 查找资料，探究春联的起源，并把探究结果写下来。

知识补给站

1. 春联实例：

上联：一帆风顺吉星到　下联：万事如意福临门　横批：财源广进

上联：一干二净除旧习　下联：五讲四美树新风　横批：辞旧迎春

上联：一年好运随春到　下联：四季彩云滚滚来　横批：万事如意

2.春联的种类：依据使用场所的不同，春联可分为门心、框对、横批、春条、斗方等。“门心”贴于门板上端中心部位；“框对”贴于左右两个门框上；“横批”贴于门楣的横木上；“春条”根据不同的内容，贴于相应的地方；“斗方”贴在家具上。

文房四宝

文房四宝，即笔、墨、纸、砚。纸，是中华民族的伟大发明，书写所用的宣纸质地柔韧、洁白平滑。毛笔，是中国古代独具特色的书写工具。“尖、齐、圆、健”是高质量毛笔的特点。墨，是书写的色料。借助于这种独创的色料，中国书法才能展现独特的艺术魅力。砚，俗称砚台，是研磨色料的工具。古代文人对砚十分重视，终日相伴。文房四宝独具一格，为中华民族文化和世界文化的进步和发展做出了贡献。让我们走近文房四宝，领略那穿越千年的古典文艺之美。

活动项目：认识文房四宝，感受文房四宝的艺术魅力

活动场所：家、书店、美术馆

活动时长：30 分钟

活动流程：

去书店观察或购买文房四宝。

询问、查询文房四宝的使用方法。

尝试使用文房四宝，在使用的过程中感受书法的艺术魅力。

学习过程

学习目标：

1. 能正确使用文房四宝，感受书法的古典艺术魅力。
2. 能利用多种信息渠道获取资料，了解文房四宝的基本信息。

学习项目：

【项目作业一】阅读与鉴赏

题弟侄书堂

［唐］杜荀鹤

何事居穷道不穷，乱时还与静时同。
家山虽在干戈地，弟侄常修礼乐风。
窗竹影摇书案上，野泉声入砚池中。
少年辛苦终身事，莫向光阴惰寸功。

逢入京使

［唐］岑参

故园东望路漫漫，双袖龙钟泪不干。

马上相逢无纸笔，凭君传语报平安。

1. 阅读理解：阅读《题弟侄书堂》，说一说诗句“窗竹影摇书案上，野泉声入砚池中”的意思。

____

____

2. 创意运用：阅读《题弟侄书堂》《逢入京使》，思考文房四宝的用途，并把思考的结果写下来。

____

____

3. 评价鉴赏：笔、墨、纸、砚为什么被称为“文房四宝”？

____

____

★阅读推荐★

古诗：［唐］李贺《杨生青花紫石砚歌》

［清］李方膺《题画梅》

字帖：［东晋］王羲之《兰亭序》

［唐］颜真卿《祭侄文稿》

［宋］苏轼《黄州寒食帖》

【项目作业二】表达与交流

欣赏下图中的文房四宝，思考它们美在何处。可以和老师、父母、同学交流，并将思考、交流后的结果写下来。

【项目作业三】梳理与探究

1. 尝试使用文房四宝，并把你的感受写下来。

2. 毛笔有“四德”，分别是尖、齐、圆、健。查一查资料，结合使用毛笔的经验，说一说毛笔“四德”的内涵。

知识补给站

1.四大名砚：甘肃洮州的洮河砚、广东肇庆市的端砚、安徽歙县的歙砚、山西新绛县的澄泥砚，是中国传统的四大优质名砚。

2.洛阳纸贵：出自《晋书·左思传》，原意是晋代左思《三都赋》写成之后，抄写的人非常多，洛阳的纸都因此涨价了，后比喻著作广泛流传。

篆刻的艺术

“

一方小小的石头，一把锋利的刻刀，篆者以石为纸，以刀为笔，在方寸之间快意“书写”，铸就一方方小小的印章。或是名号章，在书画的墨色中印上一抹朱红，盖印落款，以示作者；或是闲章，形式不拘，抒发个人意趣，以示学识修养。

你是否也想拥有一枚自己的印章呢？那就让我们走近篆刻，体会篆刻的艺术之美吧！

”

活动项目：认识篆刻，了解篆刻之美

活动场所：图书馆或博物馆、家中

活动时长：30 分钟

活动流程：

选择一个你熟悉的字。

查询这个字的篆书写法。

尝试在萝卜、橡皮等物品上刻上这个字。

学习目标：

1. 能对艺术产生兴趣，欣赏篆刻之美。
2. 能利用多种信息渠道获取资料，了解篆刻内容的意趣。

学习项目：

【项目作业一】阅读与鉴赏

材料一：

来楚生：唐云私印

方介堪：唐云私印

材料二：

印文笔画均匀，余所最畏，盖[①]文字本体，无虚实疏密之致，全恃[②]人为布成之耳。疏处愈疏，密处愈密，此汉秦人布局要诀，随文字笔画之繁简，而不挪移[③]取巧以求其匀称，此所以舒展自如，落落大雅也。不则，挪移以求匀称，屈曲[④]以图满实，味同嚼蜡。

——来楚生《然犀室印学心印》

【注释】

①盖：大概，推想；②恃：依赖，凭仗；③挪移：挪动，移动；④屈曲：弯曲，曲折。

1. 比较分析：欣赏材料一的两枚印章，相同的文字内容，为何不同的篆刻家篆刻出的印章形式截然不同呢？

____

____

2. 评价鉴赏：请结合材料二，说说材料一中的两枚印章的篆刻形式有何不同，体现了怎样的篆刻风格。

____

____

3. 创意运用：在日常生活中，你觉得哪些地方会用到印章？（至少列三处）

____

★阅读推荐★

《启功给你讲书法》（启功 / 著）

《印章名作欣赏》（吴颐人 / 著）

【项目作业二】表达与交流

1. 刘铁宝先生是当今著名的书法家和篆刻家，他认为篆刻不是孤立的艺术，它与书法有着密切的关系，即“印从书出”。请你欣赏右面两幅作品，思考书法和篆刻之间的关系是怎样的，和父母或朋友交流一下。

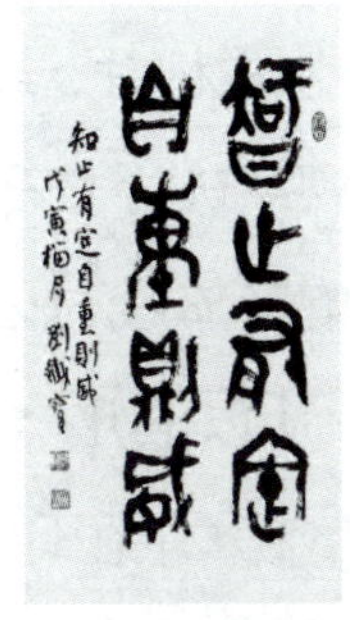

刘铁宝书法作品

刘铁宝篆刻作品

2. 以下是第 29 届北京奥运会会徽“中国印——舞动的北京”。结合材料，评一评这枚“中国印”，把想到的写下来。

中国印——舞动的北京

中外专家评委点评：

第 1498 号风格独特，寓意丰富，给人以广阔的想象空间。有数千年历史的中国印本意是一种承诺；用在会徽上，即是向全世界承诺，要把 2008 年奥运会办成历史上最出色的一届奥运会。

——中国专家评委

我一直在寻找这样的一个图案，那就是当世界另一端的人第一眼看到它的时候，就会感觉到这是中国的，能传达出基于悠久历史和传统沉淀之上的现代感。

——外国专家评委彼得・T・莫舒斯

“中国印”名字的由来：

最初，大家对这个似“京”非“京”、似印非印的图形拿不准，硬说它是“京”，它是个不完整的字，叫起来不严肃。为此，十几位书法专家翻阅了大量资料，有的还亲赴河南殷墟查找甲骨文核对，最后都认为不能以“京”字冠名。后来，几位篆刻专家提供了宝贵意见，认为它是一种图形，是印章的一种，叫肖形印。

至此，第 1498 号作品有了正式的名称———中国印。

结合自己的学习感受，从以下几个角度点评：

①“中国印”的内容；②“中国印”的颜色；③“中国印”与中国文化的关系。

【项目作业三】梳理与探究

1. 阅读相关资料，欣赏下面两枚用不同方法篆刻的印章作品，说说你的发现。

阳刻是将除了文字之外的部分去掉，阴刻便是去掉文字而保留其他部分，都是为了突显文字本身，可方式一阳一阴，天差地别。阳刻即白底朱文，笔画往往纤细流利，类似于浮雕；阴刻即朱底白文，笔画粗犷苍劲，富有原始铭文的韵味。

淡泊宁静（齐白石印）

江南布衣（齐白石印）

2. 选择一种方便篆刻的材料（如萝卜、橡皮等），把你设计好的印章内容先画下来，再进行篆刻，印下来看看效果，再说一说印章内容的含义。

知识补给站

1. 篆刻中几种常见的印风

甲骨文印风

楚简文印风

古玺印风

金文印风

鸟虫篆印风

2. 书画作品中印章的使用

（1）姓名章。姓名章是题款署名用章。一般分朱文（阳文）和白文（阴文）两种。一幅书法作品上盖两方姓名章时，最好一朱一白，两章大小相宜。

（2）闲章。又称布局章，包括引首章、拦边章、压角章和腰章等。

（3）鉴藏章。鉴藏章是收藏者用章。据说，鉴藏章始于唐，宋以后盛行。

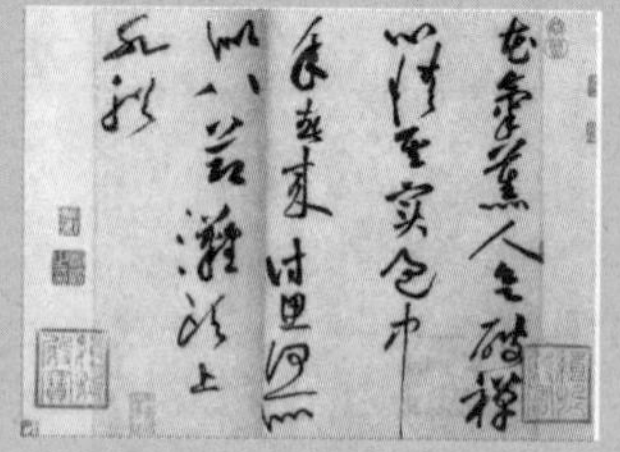
［宋］黄庭坚《花气熏人帖》

谁才是主角

近几年，“剧本杀”的游戏十分流行，每一个剧本里都有不同的人物角色，谁都猜不出故事的主角到底是谁。戏剧也是如此，京剧中角色多样，分为“生旦净末丑”五大行当，行当下还有各个分支，究竟谁才是剧里的主角呢？让我们来一探究竟吧！

活动项目：观看京剧《同光十三绝》及微课，了解京剧行当的分类

活动场所：家中、图书馆、剧院

活动时长：30 分钟

活动流程：

观看短视频《京剧的行当》，了解戏曲行当的分类。

观看京剧《同光十三绝》，根据不同的特征猜猜戏曲角色的行当。

为心中的“主角”画个脸谱。

学习目标：

1. 查阅、整理资料，了解“生旦净末丑”五大戏曲行当具体指什么，了解其基本固定的扮演人物和表演特色。

2. 查找并讲述戏曲艺术家们的传奇故事，激发了解、传承中华优秀传统文化的兴趣。

学习项目：

【项目作业一】阅读与鉴赏

易青娥心里一直有一个梦，她想唱主角。

这一次，她终于抓住了一个机会，演“杨排风”！在这以前，易青娥已练了好几个月了。苟老师一直强调要有“活儿”。对于烧火丫头杨排风来讲，那“活儿”，就是对那根棍的自如把握。烧火丫头的兵器，就是一根烧火棍。易青娥，又正好是烧火丫头，她感觉，这是命里注定的事儿。手上越有“活儿”，戏就越好排。苟老师对易青娥的吃苦精神，始终是满意的。他说：“娃的棍技，已经够排戏用了，只是个继续熟练和提高的问题。当练到手上看似有棍，眼中、心中已没棍的时候，棍就算被你彻底拿住了。戏也才能演得有点戏味儿了。你知道啥叫角儿？角儿就是能把戏完全拿捏住的人。要拿捏住戏，你先得分析角色：杨排风，就是个天波府的烧火丫头，跟你一样，懂不懂？连天波府的烧火丫头，武艺都这么高强，那杨家将还了得？意思听明白了没有？”

易青娥点点头，她明白。

荀老师一边讲剧情，一边说角色，一边还不停地示范着。易青娥没想到，荀老师尽管快六十岁的人了，腿脚还那么灵便，手还那么活泛，腰还那么柔软。尤其是学女孩儿家，耍起赖来，又是飞眉眼，又是撮嘴，又是使鬼脸的。她还发现荀老师的眉毛，最近突然剃掉了不少。过去荀老师看大门时，眉毛是像两个死蚕一样，横卧在眉骨上的。最近却一点点在变化。直到今天，完全变成两条窄窄的柳叶了。尤其是把焦赞打到得意处，他眼睛滴溜溜一转，眉毛好像要飘起来一样。

——节选自陈彦的长篇小说《主角》

1. 提取信息：读一读画横线的句子，联系上下文，说说你理解的“角儿”应该是什么样子的。

____

____

2. 创意运用：想一想，一个学艺唱戏的小丫头要想成为“角儿”得做哪些努力？试着为一个初出茅庐的小丫头做一个发展规划。

3. 分析归因：联系荀老师前后的变化，试着分析一下，变化的原因是什么。

____

____

★阅读推荐★

艺术表演：《霸王别姬》《贵妃醉酒》

《太好玩了，京剧！（京剧中的人物）》（张大夏/著、绘）

【项目作业二】表达与交流

1. 这幅图中出现的四个人物就是京剧行业的风云人物——四大名旦。请你选择最熟悉的一个人，为他设计一个简单的个人名片吧！

名字	
代表作及相应角色	
取得的成就	
相关故事	

2. 在那个人人都想成为主角的年代，他们付出了百倍的努力。四大名旦中，哪一个人物的故事最让你有感触？试着讲给小伙伴听。

【项目作业三】梳理与探究

1. 角色脸谱画一画。“生旦净末丑”这五个行当中谁才是你心中的主角呢？试着为他设计一个脸谱吧！大胆画一画，再介绍给小伙伴。

2. 角色猜一猜。根据人物的扮相，猜猜看，他是什么行当的，写出理由哦！

角色	行当	理由

知识补给站

旦行中有青衣、花衫、花旦、刀马旦、武旦、老旦。旦行里最主要的一类是青衣。青衣还有一个名称叫正旦，扮演的一般都是端庄、严肃、正派的人物，大多数是贤妻良母，或者旧社会的贞节烈女之类的人物。从服装上看，青衣穿青褶子为多，所以青衣的另外一个名称是青衫，简称衫子。

旦行的第二大类叫花旦。从服装上来说，都是穿短裙。即便是穿长衣裳，也绣着色彩鲜艳的花样。从年龄上看，都是扮演青年女性。人物性格一般都比较活泼、开朗，动作也比较敏捷、伶俐。

秦腔绝技——“吹火”

秦腔表演艺术中有一门绝技叫“吹火”，是秦腔传统八大绝技之一。经过数百年的表演和不断提升，“吹火”已经形成了一套完整的技艺和艺术表现形式。

活动过程

活动项目：认识“吹火”

活动场所：家中、剧院（有秦腔剧目表演）

活动时长：30 分钟

活动流程：

观看戏曲动画《漫赏秦腔·拾玉镯》。

与京剧《拾玉镯》做对比，说说两种剧种有什么不同。

画一个秦腔动漫人物。

学习过程

学习目标：

1. 认识“吹火”，初步了解“吹火”的方法和舞台效果。

2. 能利用多种信息渠道获取资料，初步了解“吹火”的艺术功能，感受秦腔独具特色的艺术魅力。

学习项目：

【项目作业一】阅读与鉴赏

材料一：

吹火是演员依据戏剧情节和人物形象的需要，把特制的松香包噙在口中，用口或其他辅助器物，将松香粉末或火药细面喷向已燃火把，从而形成绚丽多彩的火焰的一种舞台表演手段。

擅长表演吹火的演员能够吹出长达四五尺滚动的火龙，甚至腾空而起的蘑菇云。演员们通过不同的技巧，能够创造出各种各样令人惊叹的瑰丽造型，有“二龙戏珠”“一串铃”“八仙过海”“满堂红”等。

吹火多用于妖怪、鬼魂的表演。为了把鬼魂表现得可怕、恐怖而又法力无边，演员们常用吹火的技巧来塑造这些舞台上特殊的人物形象，比如《游西湖》中被屈斩后变成鬼魂的李慧娘、《黄河阵》中的三霄等，而尤以《游西湖》中李慧娘的吹火最为绚丽多彩。

——节选自《秦腔绝技“吹火”，竟有这么多玩法》

材料二：

吹火常见的形式有直吹、倾吹、斜吹、仰吹、俯吹、翻身吹、蹦子翻身吹等。就其形状可分为单口火、连火、翻身火、一条龙、蘑菇云火等。

（　　）即一口一口吹火。主要用鼻子吸气，丹田用气，冲着火把的火苗直吹。

（　　）用气方法与单口火相同。吹时要连紧一些。在火头上吹第一口火，趁其未灭时，紧接着在第一口火上再吹一口火，使火延续不灭。

（　　）踏左步，半卧鱼势，从火头上引火（即借吹出的火苗再连续喷出松香末，使火苗不断延续长达四五尺）翻身，转一圈后，火仍然连续不断。

（　　）半卧鱼势俯冲火把头吹火，然后离开火把，均匀地一口气吹，引过火来，使火苗不断延续长达数尺，犹如一条火龙一样摆过去。

（　　）半卧鱼势，在“一条龙”火的龙尾上紧接着再摆回来，重重地一口一口吹火，即成一朵一朵的蘑菇状（也叫天女散花或火中凤凰）。后来吹这种火时，还可将火的颜色变成雪青色。

1. 评价鉴赏：根据材料一中的介绍，你一定对“吹火”这项特殊的舞台表演手段有了一定的认识，请你试着用三个词语来概括。

____

2. 理解分类：材料二中对“吹火”吹出的火苗形状进行了具体描述，请你试着将类型对应的字母填到相应的括号里。

A. 单口火　B. 翻身火　C. 连火　D. 蘑菇云火　E. 一条龙

★阅读推荐★

《我们的戏曲——秦腔》（竹马书坊 / 著）

戏曲动画：《漫赏秦腔》

【项目作业二】表达与交流

1.《游西湖》是新编秦腔剧目之一。其独特的艺术形式，展现了秦腔的艳美与悲壮。和父母或者小伙伴一起观看视频片段，和他们交流：剧中的李慧娘一气吹出多少次火？你对剧中的哪个部分印象深刻？

2.1958 年，周恩来总理和梅兰芳在观看了《游西湖》后对吹火给予了充分的肯定和赞许。梅兰芳说："吹火绝技把慧娘的满腔悲愤和对贾似道的英勇反抗表现得淋漓尽致，把慧娘的形象提到了英勇高洁的巅峰，也让这个复仇的女神表现得壮美极了，勇敢极了！"

请你结合自己的观看感受，评一评"吹火"这种舞台表演手段。

可以从以下角度点评：

①对故事情节的表现；②对人物性格的表现等。

【项目作业三】梳理与探究

1. 针对秦腔如今面临的传承困境，请你结合亲身体验和时代需求，为"吹火"这项技艺的传承发展提出三点可行的建议。

（1）________

（2）________

（3）________

2. 目前传统剧种秦腔以及绝技“吹火”并不被很多人熟知，甚至将要陷入失传的境地。请设计一则宣传广告或一件文创产品，将秦腔、“吹火”介绍给小伙伴，大家一起关心这一传统剧种和技艺。

参考下图，把你的创意画下来：

知识补给站

材料一：

秦腔中的吹火虽然表演过程十分神秘并且难度极高，但是它的表演技巧绝无保密性，而是可以敞开向同行、向观众吐露的。既然毫无秘密可言，为什么只有极少一部分人能够表演吹火呢？答案很简单，因为它的难度太高了，倘若练习的时候无人指导，练习不得法，则“勤学而难成”。

演员最初练习的时候，为了防止发生危险，都是先把芭谷面粉包在纸包里，对着墙壁一点一点地吹，吹出的粉要集中。一般初学者要这样练习一个月左右，然后才能对着蜡烛的小火苗练习。先练单口吹，要等熟练掌握以后才能练习引火。

即便如此小心，练习吹火的时候还是困难重重。例如，刚开始练习的时候由于找不到感觉，常常会把纸包弄烂，使得满嘴都是松香。而到了对着火苗真枪实弹的练习阶段，又往往会因为缺乏经验，致使火焰灼烧面部——即使是对于专业演员来说这也是时常发生的事情。

——《秦腔绝技“吹火”，竟有这么多玩法》

材料二：

“目前，陕西虽然每个县都有剧团，但三分之一其实已经名存实亡，很大一部分演员维持生计都相当困难，地方剧团处境堪忧。”陕西省文化厅厅长刘宽忍道出戏曲在当地的发展现状。

“传承中，有些东西丢了，像木偶、水袖、喷火等绝活都渐渐失传了。而承载众多人才的剧社，如易俗社、三友社、尚友社、五一剧团等老社团，曾经的璀璨也随着时间慢慢暗淡了，地位、影响也大不如前。”

振兴包括秦腔在内的传统戏曲不可能一蹴而就，如何在保留传统的基础上紧跟时代步伐，不断变革，使之适应当下观众的口味，的确需要仔细斟酌。但无论如何，以“出人出戏”为中心，培育好演员，排出对得起观众的好作品，是业界的共识。

——《秦腔：如何走出传承的困境》

戏韵悠悠，律动八闽

中华戏剧源远流长，博大精深。其中，闽剧这朵戏曲之花绽放在八闽大地上。闽剧传统剧目共 1000 多出，内容丰富，题材多样，或演绎神奇生动的民间传说，或讲述跌宕起伏的历史故事，或表现朴素有趣的福州市井生活。接下来，就让我们一起走近闽剧，感受戏韵悠悠。

活动项目： 了解并欣赏闽剧

活动场所： 图书馆、闽剧院（有条件可前往）、家里

活动时长： 30 分钟

活动流程：

查找相关资料，了解什么是闽剧及其历史。

欣赏闽剧《王莲莲拜香·盘答》，思考王莲莲的人物形象，并与家长、朋友们探讨交流。

借助拼音、汉字谐音等方式，学一句《王莲莲拜香·盘答》中的台词。

学习目标：

1. 能对艺术产生兴趣，思考闽剧未来发展的路径。

2. 能利用多种信息渠道搜集资料，欣赏闽剧的美。

学习项目：

【项目作业一】阅读与鉴赏

材料：

舞蹈是闽剧的重要组成部分。闽剧不但重唱，也十分重舞，表演过程中常载歌载舞，形成了歌唱与舞蹈身段和谐结合的表演特色。此外，闽剧中的舞蹈还吸收、继承了古代民间舞蹈、宫廷舞蹈等传统舞蹈，在长期演出中积累了丰富的歌舞经验。

经过多年的摸索与实践，闽剧舞台布景创造了多种多样的布景方式：从简单的一张桌、两张凳，发展到如今的配合剧情内容，实景搭建不同的布景、软布画景等。闽剧中的服装配饰也因人而异，根据人物身份，配上云肩、项链、飘带、丝绦、玉佩等装饰物，看起来丰富多样。

1. 理解解释：回忆活动中观看的片段并阅读材料，说说闽剧《王莲莲拜香》选段《盘答》作为闽剧的传统剧目之一，舞台上的布景有何特色。

2. 评价鉴赏：回忆活动中观看的片段并阅读材料，思考闽剧《王莲莲拜香》选段《盘答》中王莲莲的美在何处。

3. 创意运用：如今，京剧、昆曲等戏曲在延续传统的基础上，纷纷求新求变，努力适应当代人民的文化需求。当今社会，闽剧可以通过哪些方式创新发展？请写下来。（至少两点）

★阅读推荐★

视频：《戏曲动画——闽剧剧种介绍》[全国文化信息资源共享工程戏曲动漫（闽剧）]

《戏曲动画——闽剧〈贬官记〉》[全国文化信息资源共享工程戏曲动漫（闽剧）]

【项目作业二】表达与交流

1. 闽剧内容丰富，题材多样，请你欣赏闽剧《王莲莲拜香》选段《盘答》与《生命》，思考两者之间的不同，再从题材、内容、思想等方面，选择其中的两个写一写。

《王莲莲拜香》选段《盘答》	《王莲莲拜香》选段《生命》

2. 请你查阅资料，化身成闽剧推广大使，向好朋友推荐一些经典闽剧吧！你会推荐哪些剧目？推荐的理由又是什么呢？

【项目作业三】梳理与探究

1. 闽剧形象与卡通会产生怎样的奇妙组合呢？请选择运用下面的服饰元素，尝试设计相应的卡通人物形象，作为闽剧推广吉祥物，并在后面附上一段设计说明吧。

2. 戏韵悠悠，声动八闽。模仿看过的闽剧中的一个选段，学着剧中人物的姿势、步态和语言演上一段吧，并和小伙伴们交流演后感受。

知识补给站

1. 闽剧的别称叫“福州戏”，原因是它是现存唯一用福建方言演唱、道白的戏曲剧种。它流行于闽中、闽东、闽北地区，现也传播到了东南亚各地。2006年5月20日，闽剧经中华人民共和国国务院批准列入第一批国家级非物质文化遗产名录。

2. 闽剧角色原先行当较为单一，只有生、旦、丑三个行当，后来吸收徽班、京班等行当体制，逐渐形成“小生、老生、武生、青衣、花旦、老旦、大花、二花、三花、贴、末、杂”的“十二角色”系统。

藏戏服饰

巍峨的雪山，广袤的天地，孕育出一种具有独特魅力的艺术形式——藏戏。这种与汉族戏曲风格迥异的艺术，在雪域高原的滋养下，生生不息地流传、演变。让我们走近藏戏，感受藏戏服饰生活化与艺术化相结合的美。

活动项目： 观赏藏戏《朗萨雯蚌》

活动场所： 图书馆、家中

活动时长： 30 分钟

活动流程：

观赏藏戏《朗萨雯蚌》片段，发现不同人物角色的服饰特点。

借助藏戏《朗萨雯蚌》片段，对比京剧的服饰，感受藏戏与汉族传统戏剧在服饰方面的不同风格。

选择片段中喜欢的藏戏服饰，试着画一画。

学习过程

学习目标：

1. 能通过搜集整理资料、欣赏藏戏片段，感受藏戏服饰的民族特色。

2. 绘制一件喜欢的藏戏服饰，向他人介绍，加深对藏戏服饰的了解。

学习项目：

【项目作业一】阅读与鉴赏

材料一：

与汉族戏曲的服饰相比，藏戏服饰有鲜明浓厚的民族特色，具有生活化与艺术化相结合的特点。

一场传统藏戏一般分为开场戏、正戏和收尾仪式三部分。

开场戏的角色有温巴、甲鲁、拉姆三种。这三种角色的服饰都是特制的，观众从服饰上即可区分出演员扮演的角色。

在头部装扮上，温巴戴着白色或蓝色的面具，甲鲁和拉姆则戴着帽子。甲鲁的帽子是上大下小的圆形黄色盖帽，而拉姆的帽子则是由五佛冠及两侧的彩虹纹路扇形装饰物组成的。

在身体着装上，温巴上身穿白色藏式衬衫加深色坎肩，外罩黑白条纹或黑红条纹氆氇，下穿黑布灯笼裤，腰系黑白两色绳穗。甲鲁上穿白色坎肩，外套一件腰间不系带的彩虹色十字图案氆氇敞褂，下穿黑色百褶裙。拉姆的衣服又称“仙女服”，上穿一件有五色领子的衬衫，下为衬裙，外面套一件无袖长褂和一条彩虹色花氆氇。

除了特制的服饰，还有许多源自生活的服饰。正戏中的许多服饰，尤其是贵族的服饰，大都来源于历史上西藏的贵族在生活中所穿的服饰。当然，还有一些高度夸张的、经过艺术化的藏戏服饰。如国王服，又称“杰切”，是在国王或原西藏地方政府四品以上官员的官服基础上改良而来的。这一类角色的服饰会在蓝色的缎袍上绣云彩、山岩、水纹、衮龙四种图案，腰上系着黄色的缎带，并悬挂藏刀、荷包、水袋等饰物，头戴用红色丝穗装饰的国王帽，左耳垂长形耳坠。再如贵夫人服，藏语称“拉江切”，是由蓝色、深绿色或血青色的花缎制作而成，有带袖子与不带袖子两种。这类角色头上戴着“卫嫫巴珠”（用布和铁丝搭成的三角形架子，在上面装饰珍珠、玛瑙、松石等饰品，架子两角在前，一角在后，前面两角分别缀有假发“连子”），耳垂挂着金镶嵌松石制作而成的长菱形耳坠，或头戴“珍珠巴珠”“珊瑚巴珠”（与“卫嫫巴珠”类似，只是饰物不同）。

藏戏的服饰不可随意穿戴，要与角色的身份相匹配。同样是贵夫人所戴的头饰，王妃所戴的“卫嫫巴珠”与仅比王妃低一级的贵族妇女所戴的“珊瑚巴珠”以及四品以上官员的夫人所戴的“珍珠巴珠”，有严格的区别。这些都是藏戏服饰生活化的体现。

材料二：

图 1（　　）

图 2（　　）

图 3（　　）

材料三：

图 4 藏戏中贵妇人装扮　　图 5 京剧中贵妇人装扮

1. 理解总结：阅读材料一，归纳出藏戏服饰的特点。

____

____

2. 理解分类：观察材料二，借助材料一，将相对应的服饰名称填入空格。

3. 创意运用：观察材料三，说说藏戏服饰与京剧服饰有什么异同。

____

____

★阅读推荐★

《藏戏》（马晨明 / 著）

《中国藏戏八大经典丛书——朗萨雯蚌（汉藏）》（李钟霖 / 译　索南东智 / 绘）

【项目作业二】表达与交流

1. 藏戏爱好者贝贝想办一场藏戏服饰展览会，希望让更多的人认识藏戏服饰、喜爱藏戏。活动需要一份宣传广告，请你为这次活动写一份广告词吧。（注意语言简练、通俗易懂）

____

____

2. 贝贝作为这次活动的义务讲解员，专门介绍拉姆服的头饰。查找资料，为贝贝写一份关于拉姆头饰的讲解词，讲给小伙伴听听吧！（提示：可以从外形、色彩、寓意等方面介绍）

____

____

【项目作业三】梳理与探究

1. 选一个你喜欢的文学人物，根据他的角色，为他设计一件藏戏戏服，将设计图画在下面。

2. 向你的父母展示你的设计成果，并介绍设计理念。

知识补给站

1. 藏戏传统八大剧目：《文成公主》《诺桑法王》《朗萨雯蚌》《卓娃桑姆》《苏吉尼玛》《白玛文巴》《顿月顿珠》《智美更登》。

2. 藏戏的服装大多色彩艳丽，喜用兽皮、金银、象牙、宝石等做装饰。

3. 藏戏服饰随时代变迁而变化，很多戏服以吐蕃时期藏族服装为基础，吸收元明清各代官服特点发展而成。

“百戏之祖”——昆曲

说起戏曲，你首先想到什么？国粹京剧吗？今天我们要说的是比京剧年代更久远的昆曲。昆曲产生于明代，迄今已有600多年历史。昆曲流传至今，不仅艺术形式十分完善，还以它婉转的唱腔、儒雅的念白和细腻的表演滋养了其他剧种，被称为“百戏之祖”。

活动过程

活动项目：观看并尝试哼唱昆曲《沁园春·雪》选段

活动场所：家中

活动时长：30 分钟

活动流程：

在手机或电脑上，搜索并聆听昆曲吟唱《沁园春·雪》，尝试跟着哼唱。

与朗诵版的《沁园春·雪》对比，思考昆曲的唱腔有什么特点，与家人和朋友交流讨论。

学习目标：

1. 能对昆曲产生兴趣，感受昆曲婉约清丽之美。

2. 能通过多种渠道搜集资料，了解昆曲独特的文化、艺术价值。

学习项目：

【项目作业一】阅读与鉴赏

昆曲无他，得一美字

白先勇先生曾说，“昆曲无他，得一美字。”昆曲无疑是美的。

昆曲，美在剧本的魅力。昆曲剧本是舞台艺术，也是文学艺术。昆曲描写的历史典故与爱情题材，如《牡丹亭》和《长生殿》本身是文学名著，经昆曲创作者改编，成了昆曲中的不朽传奇。昆曲中博大精深的文学内涵是其魅力所在。

昆曲，美在唱词的绮丽。昆曲以古典文学语言入戏，唱词绮丽典雅，多为中国古典文学中诗、词、曲、文诸种文体高度锤炼、深厚积累的成果。

昆曲，美在唱腔的清丽。昆曲唱腔讲究依字行腔，“一字之长，延至数息”，声音婉转，音调绵长，似水柔情，故被称为“水磨腔”。

昆曲，美在舞台的华丽。昆曲的舞台美主要体现在服饰、脸谱和舞台道具上。优美典雅、端庄大气的服饰，千变万化的脸谱，不同的舞台美术用来体现不同人物或不同场景。

一出昆曲罢，恍若隔世梦。欣赏昆曲，我们除了沉醉于舞台上的钗光鬓影、水袖翩然，同时也能感受到昆曲所蕴含的文化之美和艺术之美。

1. 比较分析：比较下面两段唱词，结合文本思考，昆曲和京剧在唱词方面有什么不同之处。

自从我随大王东征西战，
受风霜与劳碌，年复年年，
恨只恨无道秦把生灵涂炭，
只害得众百姓困苦颠连。
——京剧选段《霸王别姬》

梦回莺啭，乱煞年光遍，人立小庭深院。
炷尽沉烟，抛残绣线，恁今春关情似去年？
——昆曲选段《牡丹亭》

____

____

2. 评价鉴赏：搜索、欣赏经典昆曲选段《牡丹亭·游园惊梦》（皂罗袍、好姐姐）

你从中感受到昆曲哪些特点？（多选题，请打√）

①唱腔婉转柔美，音调绵长细腻。 □

②唱腔铿锵有力，大气磅礴。 □

③唱词含蓄典雅。 □

④唱词浅白易懂。 □

3. 创意运用：昆曲和其他戏曲本质的区别在于音乐，昆曲的音乐伴奏以笛子为主，辅以笙、箫、唢呐、三弦等，曲调委婉细腻；其他戏曲则多以胡琴为主，曲调激昂铿锵。请家人播放两段音乐（一为昆曲伴奏，一为其他剧种的伴奏），判断哪一首是昆曲的伴奏并说说你的判断依据。

★阅读推荐★

音乐书籍：《牡丹亭》（［明］汤显祖 / 原著　汪芳 / 绘）

【项目作业二】表达与交流

1. 昆曲题材丰富，有描写家庭婚姻爱情的，有描写政治斗争的，也有描写英雄豪杰的，仔细阅读下面这段昆曲唱词片段，猜测此片段的主角是谁，与家人或朋友一起交流此片段所表达的主题。

（新水令）大江东去浪千叠，
趁西风驾着小舟一叶。
才离了九重龙凤阙，
早来探千丈虎狼穴。
大丈夫心烈，大丈夫心烈，
觑着那单刀会西村社。

2. 昆曲在 2001 年被联合国教科文组织列为“人类口头和非物质遗产代表作”。近年来，教育部积极倡导昆曲进校园活动，假如你们学校准备开设昆曲社团，请你结合自己对昆曲的了解和所查找的资料，写一则招生简章。

____

____

【项目作业三】梳理与探究

想知道昆曲旦角分几种吗？

昆曲有老、正、作、四、五、六、贴七门之说，其中以正、五、六、贴为主体。

正旦：一般是扮演已婚女子的。昆曲中有一句行话叫“正旦只有两件半红衣裳”。

五旦：一般是扮演已及笄的淑女，或待字闺阁的千金，所以又称闺门旦。

六旦：通常比五旦的年龄稍小些，身份略低些，又称活泼旦。

贴旦：其原义是在主要旦之外又“贴”一旦，就旦中之“贴”，也就是次要者的意思。事实上，贴旦所扮演的固然多数为村姑贫女、侍妾丫环，但也不乏夫人小姐、千金淑女。

老旦：老年女性。

四旦：这是一个特殊的家门。昆剧中有一些具有特殊性质和特殊表演的“刺杀戏”，扮演其中女角者叫刺杀旦，大约由“刺杀”促言转音而成为四旦。

1. 仔细观察图片，结合上述材料，连一连。

正旦　　五旦　　老旦　　四旦

2. 昆曲的服饰以明代服饰为基础。昆曲服装中，明黄为帝后专属，朝廷命官以服色定官品。请结合知识补给站和自己查到的资料思考：曹操这个角色在昆曲中应该着什么颜色的服饰？为他画一幅定妆照吧。

知识补给站

昆曲的服饰以明代服饰为基础。昆曲服装中，明黄为帝后专属；朝廷命官以服色定官品。昆曲通用官色有紫、红、蓝、黑、绿、古铜、月白等多种，其中以紫、红色为贵，蓝色次之。《明史·舆服三》规定："一品至四品，绯袍；五品至七品，青袍；八品九品，绿袍。"绿色官服、绿色褶子在昆剧中都含有贬义；一些身份卑微和贫困的人，在昆曲中以蓝色和黑色等纯素色服饰为主。董仲舒在《春秋繁露·服制》中有"散民不敢服杂彩"的记述。

参考答案

奇妙的植物染

【项目作业一】阅读与鉴赏

1.图2是软烟罗，从材料中软烟罗“就似烟雾一样”以及“软厚轻密”可以知道软烟罗是很轻很薄的。图1的布料比较厚重，不符合软烟罗的特点。

2.我们平时所说的颜色范围更大，我们不能具体知道颜色的浓淡、深浅等，而软烟罗的颜色可以让人联想到颜色所对应的事物，更具体、更形象。

【项目作业二】表达与交流

1.“染”是个会意字，“木”表示古代染料多是从草木中提取的，“水”表示染料要配成染液才能进行染色，“九”表示染色要重复多次才能完成。

2.植物染色，自然之美，杜绝污染，和谐生态。

【项目作业三】梳理与探究

1.答案略。

2.我觉得植物染色还可以运用在书画上，使书画的颜色更加古色古香、耐人寻味；还可以用在竹木上，做成生活居家用品，如茶盘、筷子等，既健康又环保。

情系中国结

【项目作业一】阅读与鉴赏

1.图1是团锦结，因为它的形状酷似花朵。图2是盘长结，因为它的形状酷似琵琶，而且还是纽扣样式。

2.我选择中国联通的标志。从寓意上看，中国结有“连结”“吉祥”等含义，蕴藏着“让一切自由连通”的品牌精神，也包含着公司希望客户吉祥幸福的美好愿景。

3.答案略。

【项目作业二】表达与交流

1.图5送给长辈，图6送给商人，图7送给小孩，图8送给夫妻。

2.答案略。

建筑的眼睛

【项目作业一】阅读与鉴赏

1.

<table>
<tr><th>园林窗</th><th>相同</th><th>不同</th></tr>
<tr><td>花窗</td><td rowspan="3">（1）都在江南园林建筑中经常出现。
（2）都独具审美价值。</td><td>（1）花窗的图案丰富多样，多见于中国古典建筑之中，有人物神仙、几何图案、故事戏曲、树木花卉、动物图案、山水风景等图案。</td></tr>
<tr><td>空窗</td><td>（2）空窗在江南园林建筑中指的是局部或者是全部镂空的窗子，有圭形、长六角、圆、横长、定胜、海棠直长、正八角等多种形式，富于变化。</td></tr>
<tr><td>漏窗</td><td>（3）从外观来看，漏窗看起来像不封闭的空窗，窗洞里装饰着各种各样的图案。</td></tr>
</table>

2.借景指在人的视线范围内，将好的景色交织到园林视线中去，即通过人对园林景观进行重组。我们可以选择选一空窗作为画框借景，也可以用天然枯木作为窗户借景。

3.李渔用枯木做成天然的窗户，取名为“梅窗”。他将最直的老树干按原本的形状截为窗户外框，再拿一面盘曲和一面比较平直的树枝，分别做成两棵梅树。盘曲的一面保留天然的形状，不做任何加工，连稀疏的枝丫和细小的树梗都留下来。窗户做成之后，剪彩纸做花，点缀在枝丫和树梗上来借景。这样借景看起来像是“活梅初开”，给人以美的享受。

【项目作业二】表达与交流

1.窗的形制与寓意；采光与拾影；活山与画水；移步换景，层出不穷；导踪与引景等方面介绍了苏州园林的窗。江南园林的窗精美绝伦，是江南最为旖旎的风景。

2.例如：选择书这种图案，寓意饱读诗书、满腹经纶。（图略）

【项目作业三】梳理与探究

1.

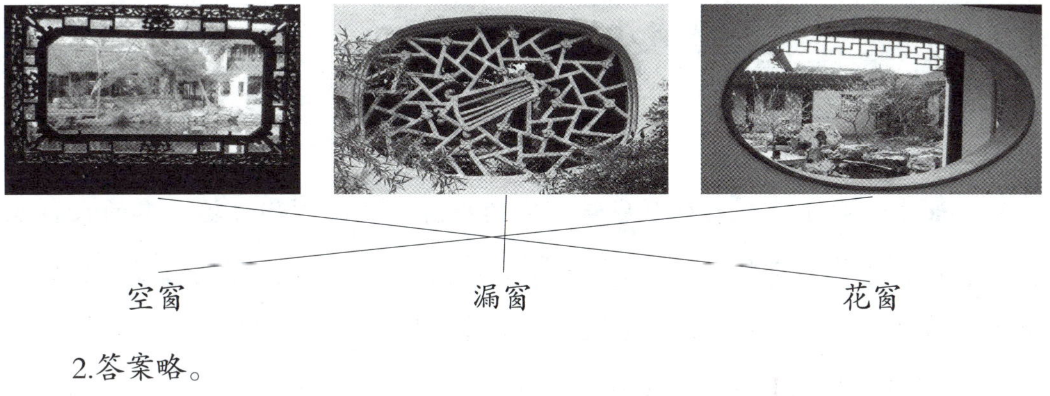

空窗　　漏窗　　花窗

2.答案略。

梦回敦煌

【项目作业一】阅读与鉴赏

1.续编时可关注唐僧双手合十的动作，孙悟空手举头前的动作，再联系二人脚下波涛滚滚的河水，可推想后续情节，与师徒二人、马想要渡过河水继续西行取经有关。

2.敦煌壁画故事画中还出现过狮子和大象。其中，“狮子”吼声洪亮，是神威的代表。

3.（1）相关部门建立网上博物馆，让观众通过VR欣赏；（2）严禁游客手触壁画，违者重罚。

【项目作业二】表达与交流

《玄奘取经图》是敦煌壁画中特别有名的一幅壁画。它主要以土黄色作为底色，黑色、褐色、土黄色等是画面中最主要的颜色。颜色虽然在变化，看起来又很统一，这种既和谐又丰富的色彩关系也在《玄奘取经图》中展现

得淋漓尽致。（言之有理即可）

“千人千面”的地下军团

【项目作业一】阅读与鉴赏

1.（1）面孔：高级军吏俑胡须微微翘起，神情呈平静之色，刚毅雍容；中级军吏俑胡须略微向下，神情坚毅；下级军吏俑和士兵俑胡须呈八字状，神情谨慎小心。（2）服饰：军吏俑铠甲精良，多为皮甲；士兵俑多着布衣；特殊兵种着甲，但舒适性较差。

我觉得兵马俑制作精良，从发型到服饰再到表情都不一样，真是“千人千面”啊！（仅供参考）

2.虽然你们处于秦朝社会底层，有的来自宫廷的制陶作坊，有的来自地方的作坊，但你们工作一丝不苟、追求卓越、执着专注，为我们留下了如此宝贵的财富，在世界上创造了奇迹，谢谢你们！（仅供参考）

【项目作业二】表达与交流

1.刚进入一号坑，我就被这些排列整齐、浩浩荡荡的兵马俑阵深深吸引了。坑东侧排列着全身穿着战袍的武士俑，前后、左右成行，共计204人，组成方阵的后卫。坑中间还排列着有38路战车和步兵的纵队。其中，最让我惊讶的是将军俑。只见他双手交叠，胡须微微翘起，神情呈平静之色，刚毅雍容。他的铠甲制作精致、色彩艳丽。褐黑色的甲片，配着朱红色的连甲带；甲衣周围的花边在白色的底上绘着绚丽的几何形花纹。八朵彩色花结，华丽多彩，彰显了铠甲主人的地位。

2.答案略。

【项目作业三】梳理与探究

1.答案略。

2.步骤：（1）准备一个碟子，刷上油；（2）在锅内加入水与糖，比例2∶1；（3）将锅放在火上加热至糖液开始起大泡后，火关小；（4）糖液色泽稍微变黄，大泡变为小泡，关火，开始绘制糖画。

会说话的鼓

【项目作业一】阅读与鉴赏

1.（1）它在不同的场合能传递出特殊的语言。（2）它是非洲歌舞的重要伴奏乐器，已经融入非洲人民的生活。（3）它是非洲文化的重要组成部分，有利于文化输出。

2.我觉得中国鼓也能传递出特殊的语言。例如：春节时，我们在大街上常常能看到热闹非凡、锣鼓喧天的场面，鼓声传递了人们对美好生活的期盼。

【项目作业二】表达与交流

1.非洲鼓版《再见》风格独特。铿锵有力的鼓声，让我回忆起属于我们的成长故事。在过去的五年里，我遇到了敬爱的老师和亲爱的同学。相聚是一种缘分，但离别总会到来，这也是我们成长路上必须面对的事情。（供参考）

2.辩手要熟知辩论赛的流程和规则，发言时观点鲜明，表达流畅。

草原的牧歌

【项目作业一】阅读与鉴赏

1.材料一提到马头琴可以熏陶人的美感，还能锻炼我们的观察能力、专注能力和记忆力。

马头琴的其他好处：在演奏马头琴的时候，对手臂的力量和手腕的力量有一定的要求。学习者在长期的练习中，能够形成坚强的意志力。

2.答案略。

【项目作业二】表达与交流

1.马头琴曲《嘎达梅林》总共分为三个部分，第一部分描绘的是牧民在草原上幸福生活的场景，节奏稍快；第二部分描绘的是王爷侵犯草原，嘎达梅林带领牧民反抗起义，节奏快；第三部分描绘出起义失败，嘎达梅林牺牲，人们永远怀念他，节奏较慢。（感受和联想自由发挥想象即可）

2.声乐曲《嘎达梅林》语言和声韵的高低起伏和歌曲的旋律起伏是一致的，情绪悲壮而沉重，表达了人们对嘎达梅林这位民族英雄的敬佩与怀念。

而器乐曲（马头琴）《嘎达梅林》不仅旋律抒情优美，还热情奔放。主题音乐重复出现，把嘎达梅林对草原的热爱和他大无畏的英雄气概展现得淋漓尽致。（供参考）

【项目作业三】梳理与探究

1.音乐剧名：《草原上的英雄》。

剧情介绍：

第一幕：人们在草原上放牧、弹奏马头琴、跳舞，邻里和睦、生活幸福美满。

第二幕：王爷带领士兵占领草原，牧民们被迫离开，嘎达梅林出现，带领牧民起义。（双方交战）

第三幕：嘎达梅林倒在血泊中，牧民们放声痛哭，悲伤欲绝。

角色分配：王爷、嘎达梅林、士兵、牧民。

道具准备：军旗、马头琴、蒙古族衣服、木棍（战戟）等。

2.自由设计海报。

文字介绍：快来欣赏舞台剧《草原英雄——嘎达梅林》！

展演地点：学校大礼堂

展演时间：7月9日

上达天听的声音

【项目作业一】阅读与鉴赏

1.大、多、制作精美。钟面上有浮雕，就连放置编钟的支架也精美得像艺术品。

2.姓名：曾侯乙编钟

国籍：中国

出生年代：战国初期

文化内涵：编钟本身就承载着“以和为贵”的文化内涵，表达渴望国与国之间和谐共处、互利双赢的理念。

【项目作业二】表达与交流

1.例如选择“音乐特性”。

（1）一钟双音：编钟为合瓦形，敲击正鼓和侧鼓均能发出乐声。

（2）十二音律：七声音阶由正鼓音发出，半音阶则由甬钟发出。

2.答案略。

二胡声声惹人醉

【项目作业一】阅读与鉴赏

1.（1）二胡演奏家刘天华等人开辟的“中西结合”道路，收集本国相关资料，设立研究部门来改进国乐。（2）阿炳等民间艺术家汲取民间音乐的精华，对二胡曲进行发扬创造。

2.

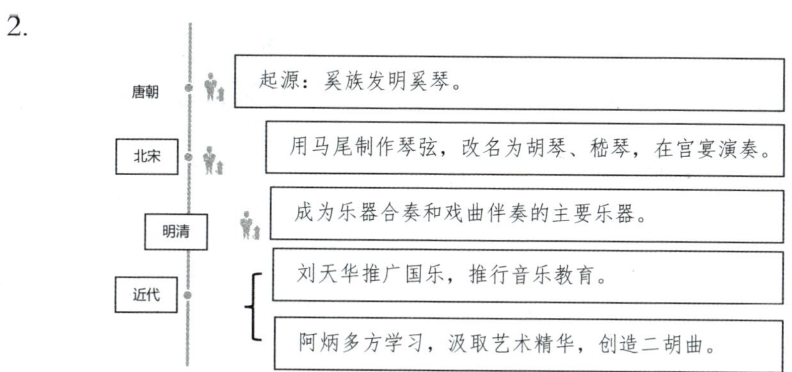

【项目作业二】表达与交流

1.答案略。

2.例如选择“演奏家及其故事”。

阿炳双目失明，只能在码头、集市等地方卖艺为生。每日卖艺的钱只能勉强果腹，若是遇到匪徒，就只能饿着肚子。在这种情况下，他吸收了江南音乐的精华，创作了《二泉映月》等名曲，流传至今。

“和”谐大使

【项目作业一】阅读与鉴赏

1.“龢”为笙，是“和”字的前身。和，取象于笙的和谐共鸣。笙的制作也具有“和”的特点。

2.（1）笙在乐团演奏中很重要，是让不同音调的乐声和谐的关键。（2）笙影响了很多簧片乐器，在音乐界和谐地共享乐器发声的原理。

【项目作业二】表达与交流

1.我能想象到锦鸡一起追逐玩闹的情景。一只锦鸡扑扇着翅膀，去追逐其他的锦鸡，它们的动作十分轻盈，一下子飞出老远。我似乎还能看到有一只小的锦鸡用小小的嘴四处啄地，寻觅着食物。

2.同学们，上一个节目的音乐声还回荡在我们耳边，一群可爱的锦鸡又朝我们奔来啦。锦鸡舞《嘎迪朵》是苗族的一种民间传统舞蹈，模仿了自然界中锦鸡的各种动作。接下来，请欣赏由我校民族舞蹈团带来的锦鸡舞表演——《嘎迪朵》。掌声有请！

墨香盈门

【项目作业一】阅读与鉴赏

1.“新桃”指新的桃符，“旧符”指旧的桃符。桃符指古代挂在大门上的两块画着神荼、郁垒二神的桃木板或纸。春联起源于桃符。

2.春联寄托了老百姓辞旧迎新、消灾除难、迎祥纳福的美好愿望。

【项目作业二】表达与交流

1.特点一：上联、下联对仗工整。

特点二：春联的内容为表达吉祥的话语。

特点三：春联一般写于红纸上。

2.用硬笔抄录，在抄录的过程中感受春联的不同风格。

【项目作业三】梳理与探究

1.用硬笔完成临摹，与原春联写得越像越好。

2.春联起源于桃符。“桃符”指周代悬挂在大门两旁的长方形桃木板。五代时，有人在桃符上题写联语。直到宋代，春联仍称“桃符”。到了明初，“春联”这个词才出现。明太祖朱元璋在某一年的除夕前颁布御旨，要求金陵的家家户户都要将红纸写成的春联贴在门框上，来迎接新春。此后，过年写春联、贴春联便成了习俗，一直流传至今。

文房四宝

【项目作业一】阅读与鉴赏

1.“窗竹影摇书案上，野泉声入砚池中”的意思是窗外竹子的影子还在书桌上摇摆，砚池中好像发出了野外泉水的叮咚声。

2.文房四宝可用于书写、作画，如《逢入京使》中诗人就想要用文房四宝给家人写信。

3.因为笔、墨、纸、砚是文人书房中必备的四件宝贝，体现了独特的民族文化传统和艺术风格。

【项目作业二】表达与交流

文房四宝古朴、典雅、精致。文房四宝具有实用美和艺术美，散发着独特的艺术魅力，由文房四宝产生了我国的书法艺术。

【项目作业三】梳理与探究

1.可以在父母、同学的帮助下使用文房四宝。

2.“尖、齐、圆、健”是毛笔四德。“尖”指笔毫聚拢时，末端要尖锐；“齐”指笔尖润开压平后，毫尖平齐；“圆”指笔毫圆满如枣核之形，毫毛充足；“健”指笔毫要有弹力，将笔毫重压后提起，立即恢复原状。

篆刻的艺术

【项目作业一】阅读与鉴赏

1.因为篆刻家的篆刻风格各不相同，所以哪怕相同的内容，篆刻的表现形式也不同。

2.来楚生的印是红底白字，印文内容有疏有密，大小不均，富有变化；方介堪的印是白底红字，印文内容比较匀称，大小差不多，线条对称。

3.①书画家的书画作品上；②公司签订的合同上；③学校颁发的奖状上；④去旅游的时候寄明信片。

【项目作业二】表达与交流

1.书法是篆刻的基础，正所谓“印从书出”，学习篆刻要先学习书法，一个不懂书法的人无法成为一个优秀的篆刻家。著名的篆刻家刘铁宝就是如此，他的书法作品和篆刻作品风格一脉相承。（供参考）

2.这枚“中国印”的主体部分是类似“京”字的图案，白底朱文，下方是Beijing2008和奥运五环的图样。因为2008年奥运会在北京举办，这个类似“京”字的图案，既点明了奥运会的举办地，又以舞动的姿态来表示对各国人民的欢迎，体现了中国的大国风度和“有朋自远方来，不亦乐乎”的传统内涵。

【项目作业三】梳理与探究

1.左边这枚“淡泊宁静”是朱底白文，为阴刻；右边这枚“江南布衣”是白底朱文，为阳刻。

2.答案略。

谁才是主角

【项目作业一】阅读与鉴赏

1.角儿就是能把戏完全拿捏住的人，首先，基本功扎实，不怕吃苦才能当角儿。其次，要懂戏，理解戏的情节和人物设定。最后，与戏里的人物融为一体，一颦一笑能完全拿捏住，角儿就成了！

2.会唱，多听、多看、多练习；会辨，辨别好与坏及时改；会用，运用技巧和手段，塑造角色；会变，敢于创新，不断突破自我。

3.过去苟老师看大门时，眉毛是像两个死蚕一样，今天，完全变成两条窄窄的柳叶了。尤其是把焦赞打到得意处，他眼睛滴溜溜一转，眉毛好像要飘起来一样。这是因为苟老师唱戏专业，演戏时要根据角色表演，形神兼备，同时，他热爱唱戏，才会演绎得如此生动，自己也神采飞扬。

【项目作业二】表达与交流

1.

名字	梅兰芳
代表作及相应角色	《贵妃醉酒》杨玉环（杨贵妃）
取得成就	创立梅派，让京剧走向世界舞台
相关故事	梅兰芳蓄须，梅兰芳和蒋介石暗语交锋

2.例如：梅兰芳年轻的时候去拜师学戏，师傅说他生着一双死鱼眼睛，灰暗、呆滞，根本不是学戏的材料，拒不收留。天资的欠缺没有使梅兰芳灰心，反而促使他更加勤奋。他喂鸽子，每天仰望长空，双眼紧跟着飞翔的鸽子，穷追不舍；他养金鱼，每天俯视水底，双眼紧随着遨游的金鱼，寻踪见影。后来，梅兰芳的那双眼睛变得如一汪清澈的秋水，熠熠生辉，脉脉含情，他也终于成了著名的京戏大师。

【项目作业三】梳理与探究

1. 答案略。

2.

角色	行当	理由
	旦角	旦行是扮演各种不同年龄、不同性格、不同身份的女性角色。从年龄上看，图画中是青年女性，看起来天真活泼，应该是花旦。
	丑角	这个人物看上去十分滑稽，鼻梁上抹白粉，而且是个花脸，形象比较丑。
	生角	生行泛指净、丑之外的男角色。图中的角色看起来正直刚毅，长相英俊，应该是“小生”。

秦腔绝技——“吹火”

【项目作业一】阅读与鉴赏

1.技艺高、样式多、表现力强。（答案仅供参考，言之有理即可）

2.ACBED

【项目作业二】表达与交流

1.我对戏中的“连火”部分印象深刻，演员精确地控制着口中的松香，小口小口有节奏地朝火吐出，表达着自己心中难以平复的愤恨。（仅供参考）

2.在舞美并不发达的时代，“火”这一元素为舞台增添了很强的表现力，尤其是在展现故事情节和人物性格方面。在《游西湖》中，主角李慧娘的性格是英勇刚毅的，随着剧情的变化，她通过直吹、倾吹、斜吹、仰吹、俯吹等表达着自己的满腔悲愤。

【项目作业三】梳理与探究

1.三点可行建议：（1）设立和“吹火”有关的非遗保护基金，鼓励戏曲人学习此项技能；（2）拍摄相关的纪录片，吸引青年进一步了解“吹火”；（3）将“吹火”与现在流行的说唱等表演形式结合。（供参考）

2.“火”里的绝技，杯中的“腔”调。

文创产品：将“吹火”剧照印在被子上。（供参考）

戏韵悠悠，律动八闽

【项目作业一】阅读与鉴赏

1.除了传统剧目的一张桌、两张凳以外，还运用现代技术进行投屏布景，创设更符合剧情内容的环境氛围。

2.饰演王莲莲的演员在表演中重视运用手、眼、身、法、步等基本表演形式，还将戏曲动作与舞蹈动作融合，用优美的身段体现人物内心。

3.例如：

（1）将闽剧台词与儿歌融合，创编福州民俗儿歌。

（2）根据闽剧人物的特色动作设计吉祥物，制作手办等文化产品。

（3）根据闽剧人物角色的特点，创作表达不同情绪的表情包，借助网络使闽剧形象深入人心。

【项目作业二】表达与交流

1.（1）题材：闽剧《王莲莲拜香》选段《盘答》为民间传说题材，《生命》为小说改编题材。

（2）内容：选段《盘答》讲述甘国宝赴中国台湾投军打胜仗，被封官“九门提督”，后返乡与表姐王莲莲见面对答的故事。

《生命》讲述了在中华人民共和国成立前夕，陈大蔓带领50名怀孕女军人，冲破敌人围追堵截，在战火中生下50个孩子，迎接中华人民共和国诞生的故事。

2.答案略。

藏戏服饰

【项目作业一】阅读与鉴赏

1.（1）许多传统藏戏服饰以及服饰的穿戴规范，都来源于生活，与日常生活关系紧密。

（2）一些藏戏服饰经过艺术化的加工，特色鲜明，艺术气息浓厚。

2. 图1（贵夫人服）　　图2（温巴服）　　图3（国王服）

3.相同点：藏戏与京剧中的服饰都有生活的影子，也都有艺术化的加工，服饰的穿着打扮都要符合人物的身份地位。

不同点：（1）藏戏服饰的色彩搭配十分丰富；京剧服饰颜色素雅，但衣服纹样十分繁复。（2）藏戏的头饰除装饰物不同之外，造型大体相似；京剧的头饰主要起装饰作用，不仅装饰物类型多样，而且造型丰富。（3）藏戏中的贵夫人服紧身窄袖；京剧中的贵夫人服饰宽袍，有水袖。

【项目作业二】表达与交流

1.例如：你听说过“雪山上的红牡丹”吗？你知道雪域高原独有的艺术形式吗？快来吧，我们这里有最具特色的藏戏服饰，有浓郁鲜明的文化意蕴。快来感受别具一格的民族风情吧！（仅供参考）

2.答案略。

【项目作业三】梳理与探究

1.要点：根据所选人物的身份，借鉴藏戏中相应身份的角色的服饰进行创作。

2.答案略。

“百戏之祖”——昆曲

【项目作业一】阅读与鉴赏

1. 京剧唱词是白话文，浅显易懂；昆曲以古典文学语言入戏，唱词绮丽典雅。

2. ①√　③√

3.我的判断依据：昆曲的伴奏以笛子为主，曲调委婉细腻。

【项目作业二】表达与交流

1.我从“觑着那单刀会西村社”这句唱词猜测这段唱词的主角是关羽。这一选段应该是“关羽单刀赴会”的故事，赞扬关羽的胆识与谋略。

2.昆曲社团招生简章：昆曲是“人类口头和非物质遗产代表作”，在昆曲社团，大家不仅能学到很多昆曲知识，提高艺术修养，还能锻炼意志力，培养自立自强的良好品质等。（言之有理即可）

【项目作业三】梳理与探究

1.

2.答案略。